―第2版―

精解
传闻证据规则

伝聞法則に強くなる　後藤　昭

［日］后藤昭 ◎ 著

肖萍 ◎ 译

中国法治出版社
CHINA LEGAL PUBLISHING HOUSE

北京师范大学法学院学术著作出版资助

中文版序言

传闻证据规则是日本刑事裁判应当依据的证据法中最为复杂且非常重要的一组规则。据我所知，中国刑事诉讼法并没有采用传闻证据规则。即使如此，中国法学界也周知，传闻证据规则是一项限制在法庭外获得的陈述成为证据的规则，历来在英美证据法中占有重要地位。作为第二次世界大战战败后改革的一环，日本于1948年制定的刑事诉讼法从美国法中引入了该规则。但是，在承继该规则的过程中加入了日本特色，与美国法的传闻证据规则不尽相同。原本，在美国法中，传闻证据规则是民事和刑事裁判共同适用的证据规则，而日本只在刑事诉讼法中采用传闻证据规则。

我撰写本书的本意是让在日本将要成为法律专业人士的人能够深入理解传闻证据规则，达到在司法实务中能自信地运用该规则的水平。究其动机，是因为我从作为一名教师的经验中了解到，对学习刑事诉讼法、立志成为法律专业人士的学生们来说，理解传闻证据规则是最大的难关。理解传闻证据这一概念本身并不容易。不同的文献至少在表面上采用了不同的解释，这使其更加难以理解。而且，没有办理实际案件经验的学生难以想象某一证据如何用于事实认定。因此，难以理解传闻与非传闻的区别。此外，他们还必须了解传闻例外的运用在实务中产生的诸多问题。

  本书的目标是尽可能明确定义作为传闻证据的概念基础的陈述、陈述证据、待证事实等概念。另外，强调学习者容易产生的各种误解。本书网罗了重要的判例以供学习，包括传闻例外规定的适用。为了让读者能够检验自己是否理解了解说的意思，书中设置了很多例题。其中，许多例题取材于司法考试真题。

  在本书的写作过程中，我一直在努力思考传闻证据规则的含义直至自己满意的程度，并尝试用清晰的逻辑加以说明。另外，对于最近实务中探讨的重要问题作出了初步的回答。或许正因为如此，本书不仅收获了准备参加司法考试的读者，作为一本有参考价值的解说，也斩获了一批业已从事实务工作的读者。

  然而，从这本书的撰写经验中，我再次意识到传闻证据规则的难度和深度。即使自以为明白，但深究起来，疑问还是接踵而至，无穷无尽。因此，本书的内容也不能说是最终成果。

  日本传闻证据规则的法条及其在实务中的运用并不令人满意。细心的读者应该可以看出我对现行法律的不满。一言以蔽之，私认为日本的传闻证据规则应该朝着更加彻底贯彻审判中心主义的方向改进。

  如果没有像肖萍这样通晓中日两国语言和刑事程序法的人，本书的翻译是不可能完成的。通过翻译，能够将本书传递给中国的法律专家们，我感到非常高兴。衷心希望本书能为中国证据法研究的发展略尽微薄之力。

后藤昭

2024 年 5 月

第2版序言

初版很幸运地收获了众多读者。其中不仅有备考司法考试的学习者，也包括业已从事实务工作的人员。为了不辜负读者的期望，我希望尽可能地确保内容与时俱进。

本次修订的主要目的是，增加2023年《刑事诉讼法》修改新创设的法证询问记录传闻例外规定的解说，以及最新的司法考试真题。此外，还对几个部分的论述进行了补充，并更新了参考文献，以使其尽可能方便参考。

最近，刑诉学界似乎对传闻证据规则的关注度有所提高。此外，越来越多的学者通过再次明确传闻证据规则的含义，努力试图以易于理解的方式向学习者解释传闻证据规则［笹仓宏纪等《从案例思考刑事证据法》（有斐阁，2021年）；滨田毅《非传闻的可采性与"待证事实"》，载《同志社法学》第72卷第7号（2021年）第315页以下；K-Ben NextGen《探究传闻证据规则的讲座》等］。① 如果本书能成为这种趋势的起源之一，我将感到非

---

① 笹倉宏紀ほか「事例から考える刑事証拠法」（有斐閣、2021年）、濱田毅「非伝聞の許容性と「要証事実」」同志社法学72巻7号（2021年）315頁以下、K-Ben NextGen「伝聞法則を極めるゼミ」。

常高兴。

感谢日本评论社的柴田英辅在这次修订中给予的帮助。

后藤昭

2023年11月

初版序言

本书是在法学论坛（法学セミナ一）第759号至第770号上连载的《强化传闻证据规则》的基础上加以补充和整理而成的。在汇编单行本时，曾有同行学者建议最好给这本书起一个更像专业书籍的书名。然而，本书最大的目的是让那些对传闻证据规则的理解不甚透彻的人拥有自信。为了清楚地表达这一目的，便将连载文章的标题直接用作书名。

本书尽可能以通俗易懂的方式为刑事诉讼法学习者讲解传闻证据规则。为此本书一般从法条出发，对概念进行严格定义。在章节设置方面，原则上按照法条的顺序排列，并根据自己的经验，列出学习者容易陷入的误区，以引起大家的注意。此外，本书中设有大量例题，以检验读者对知识点的掌握程度。希望读者在查看例题的答案之前，能在脑海中先思考一下正确答案。通过这般不断地试错，应该能对相应的知识点有一个确切的理解。本书中的例题均为虚构的案例，以判例为基础的例题也对案件事实进行了一定的改编。为了兼顾要参加司法考试的学习者，笔者将司法考试真题稍加修改，也编入例题中。书末列出了司法考试真题和例题的对应表。

然而，本书的讲解水平并没有停留在初级阶段，而是进行了相当深入的探讨研究。这是因为只有深入思考包含疑难案件在内的逻辑，才能正确理解该规则的含义。对于想尽快记住标准答案写法的读者来说，可能会觉得本书的讲解过于迂回曲折或过于详细。但本书所设想的读者，是那些愿意把费解的难题思考到令自己满意为止的、有探求心的人。通过本书的解说，抱有这种态度的读者可能会重新审视自己对传闻证据规则的理解，同时会在本书中发现其他文献中所没有的独特观点，从而加深他们的兴趣。期望以此能够使读者无论是在考试中还是在法庭上，都能自信地讨论传闻证据规则的适用。

在连载和单行本出版过程中，得到了日本评论社编辑部的柴田英辅和上村真胜的全力帮助。在此，我向两位表示衷心的感谢。

此外，本书的内容包含科研项目"错判原因的系统论分析与错判对策"（18H0081、研究负责人青木孝之）的研究成果。

后藤昭

2019年7月

凡 例

*法律法规

刑诉规则　　　刑事诉讼法规则
刑诉法　　　　刑事诉讼法
宪法　　　　　日本国宪法
道交法　　　　道路交通法

*判例、裁判例

关于日本的判例，除了考虑到学习者的方便而采用年号标记以外，还按照惯例简写如下。

例：最决平23・9・14刑集65卷6号949页

*法院名、登载判例集日文简称如下：

最判（决）　　最高裁判所判决（决定）
高判（决）　　高等裁判所判决（决定）
地判（决）　　地方裁判所判决（决定）
刑集　　　　　最高裁判所刑事判例集
高刑集　　　　高等裁判所刑事判例集
高刑速　　　　高等裁判所刑事判决速报集

高刑特	高等裁判所刑事判決特報
東高刑時報	東京高等裁判所判決時報（刑事）
下刑集	下級裁判所刑事裁判例集
判時	判例時報
判タ	判例タイムズ
LEX/DB	LEX／DBインターネット

＊关于著名判例或者裁判例在出处之后的括号中标记案件名。

目录 CONTENTS

引　言　研习传闻证据规则的意义 // 001

第一章　传闻证据的含义 // 003

　　一、解读法条 // 003

　　二、陈述的含义 // 004

　　三、陈述证据的概念 // 007

　　四、证明内容与待证事实 // 009

　　五、明确待证事实 // 012

　　六、小结 // 019

第二章　禁止传闻证据规则的含义 // 020

　　一、概念的重申 // 020

　　二、传闻证据的三个形态 // 023

　　三、机械的记录与传闻证据规则 // 027

　　四、审判陈述与审判外陈述的区别 // 030

　　五、禁止传闻证据规则与证人询问权的关系 // 034

　　六、禁止传闻证据规则与直接言词原则的关系 // 036

　　七、小结 // 037

第三章 传闻与非传闻的区别 // 039

一、非陈述的信息 // 039

二、非陈述证据的陈述 // 043

三、现在心理状态的陈述 // 053

四、共谋过程中的发言、笔记的运用 // 056

五、非传闻的三个阶段 // 059

第四章 传闻例外的体系 // 063

一、在思考传闻例外之前 // 063

二、传闻例外的体系 // 065

三、《刑诉法》第321条第1款的传闻例外 // 068

四、《刑诉法》第321条第2款的传闻例外 // 080

第五章 作为传闻例外的检面笔录 // 083

一、《刑诉法》第321条第1款第2项书面材料的传闻例外 // 083

二、《刑诉法》第321条第1款第2项前段的要件 // 086

三、《刑诉法》第321条第1款第2项后段的要件 // 091

四、《刑诉法》第321条第1款第2项书面材料的地位 // 101

第六章 勘验笔录的传闻例外 // 103

一、解读法条 // 103

二、《刑诉法》第321条第3款的适用对象 // 104

三、真实制作证言 // 110

四、鉴定书的传闻例外 // 114

五、小结 // 117

第七章　实地确认笔录与见证人的指认说明 // 118
一、实地确认的目的与见证人的说明 // 118
二、指认说明记录的使用 // 120
三、再现实地确认笔录的使用 // 126
四、同意的效力 // 138
五、小结 // 139

第八章　陈述录像记录的传闻例外 // 140
一、录音录像陈述的传闻例外 // 140
二、《刑诉法》第321条之2的传闻例外 // 140
三、《刑诉法》第321条之3的传闻例外 // 141

第九章　被告人的审判外陈述 // 148
一、解读法条 // 148
二、不利事实的承认 // 150
三、采用自白笔录的程序 // 159
四、图像记录的使用 // 161
五、小结 // 166

第十章　业务上的书面材料·传闻陈述·再传闻 // 167
一、业务上的书面材料 // 167
二、传闻陈述 // 174
三、再传闻证据的处理 // 183
四、小结 // 188

第十一章　依据当事人意思的传闻例外 // 190

　　一、依据同意的传闻例外 // 190

　　二、同意的要件 // 191

　　三、同意的效果 // 198

　　四、合意书面材料 // 204

第十二章　共同被告人与传闻证据规则 // 207

　　一、合并审理与证据关系的个别性 // 207

　　二、共同被告人的审判陈述 // 210

　　三、辩论的分离与证人询问 // 213

　　四、共同被告人的审判外陈述 // 216

第十三章　争辩陈述证明力的证据 // 224

　　一、作为辅助证据的审判外陈述 // 224

　　二、平成18年判例 // 225

　　三、自我矛盾陈述以外的使用可能性 // 233

　　四、证明力存在争议的对象 // 241

　　五、辅助事实的证明方法 // 242

　　六、小结 // 245

司法考试真题与例题的对应关系 // 246

判例汇总 // 248

主要参照法条汇总 // 254

译后记 // 261

引 言
研习传闻证据规则的意义

对于学习刑事诉讼法的人来说，最大的难题是对传闻证据规则的理解。一方面，传闻证据规则的概念本身就很难理解。又由于体系书中作者的解释不尽相同，会使读者感到困惑。证据是法官或者裁判员[①]认定事实的信息来源。某条信息能否成为传闻证据，会因该信息的使用目的不同而产生差异。但是，在某些情况下，如果没有实际的审判经验，会难以想象在认定事实的过程中应当如何使用该信息。而且，在此基础上还有复杂的传闻例外规则。

另一方面，自从引入裁判员审判制度以来，直接原则和言词原则得到了强调，司法实务也在朝着尊重传闻证据规则的方向发展。对希望活跃在刑事法庭上的人来说，能够自信地运用传闻证据规则进行辩论是必要条件。司法考试中也常有关于传闻证据规则的题目。不论法科大学院的校内考试，还是司法考试，如果不能自信地运用传闻证据规则进行答题，就不一定能取得好成绩。

[①] 裁判员，是指从具有众议员选举权的公民中抽选出来参加刑事审判的人。日本裁判员制度是日本的陪审制度，与英美法系的陪审团制度和大陆法系的参审制度均有所不同。——译者注

因此，传闻证据规则是值得花费时间掌握的专题。

　　本书是针对传闻证据规则的解说。因此不会对证据法的基础知识进行详细的讲解。关于证据能力与证明力的区别，关联性的概念，严格证明与自由证明的区别，主要事实、间接事实、辅助事实的区别，实质证据与辅助证据的区别，直接证据与间接证据的区别，实务中证据采用的程序等内容，请参考体系书及参考书。与之相对，言词证据与非言词证据的区别是理解传闻证据规则的前提，因此本书会对其进行详细说明。此外，例题中还会有涉及有关关联性、自白规则、补强规则、排除规则等传闻证据规则以外的刑事证据法的问题，以引起注意。

第一章
传闻证据的含义

一、解读法条

现行《刑诉法》中没有传闻证据一词。传闻证据是《刑诉法》第320条第1款所指的原则上禁止的证据的相关学说及实务上的概念。从现行法的制定过程来看，显然该条文是基于美国法的传闻证据规则。因此，使用传闻证据一词有其理由。

《刑诉法》第320条第1款规定：

> 除第321条至第328条规定的情形外，不得将书面材料代替审判期日的陈述作为证据，也不得将审判期日以外的、以他人陈述为内容的陈述作为证据。

原则上该法条禁止的是：①以书面材料代替审判期日的陈述作为证据；②以审判期日以外的、他人陈述为内容的陈述代替审判期日的陈述作为证据。前者①是在法庭上提交先前在法庭外制作好的书面陈述材料的情形。后者②是W2在法庭上陈述从W1处听来的话的情形。[1]为方便起见，将①称为陈述代用文书，将②称为传闻

---

[1] 关于法庭中陈述人引用自己先前的发言进行的陈述是否为传闻证据，是日本传闻证据规则中的一个疑难问题。就此问题，会在后面传闻陈述的运用中进行分析［第十章二（三）］。

陈述。①和②都是将在审判期日外生成的陈述作为证据的情况。以下将审判期日的陈述称为审判陈述，除此之外的陈述称为审判外陈述。①这样的话，作为禁止对象的传闻证据可以表述为代替审判陈述作为证据的审判外陈述。

因此，为了明确传闻证据的含义，首先需要明确何谓"陈述"。在此基础上，再明确何谓"代替审判陈述作为证据"，如此一来便可以定义传闻证据。

二、陈述的含义

（一）构成陈述的言语

陈述，是指人在传达某一事实是否存在的信息时，所进行的言语表达。例如，V冲进派出所，向警察诉说："刚刚在车站前，我的手提包被抢走了。"这是为了传达自己遭受抢夺的被害事实而进行的表达，是典型的陈述。与之相对，一个人的言语中若没有涉及某事实是否存在，就不是陈述。例如，接待V的警察问："记得犯人长什么样子吗？"这句话是通过提问这一言语行为方式，敦促对方进一步进行陈述，其言语本身并没有涉及某事实是否存在，所以不是陈述。陈述人想要传递信息的对象既可以是他自己，如日记；也可以是不特定的人，如网络上的投稿。

陈述不限于直言命题的形式。例如，"这家店前停着的红色轿车是你的吗？"该提问暗示着店前停着红色轿车这一事实，因而也属于陈述。

---

① 亦可分别称为法庭陈述、法庭外陈述。但是，根据经验，因经常被误写为法定陈述，这里称为审判陈述。

【例题1】某月某日的早晨，A与B相遇。A对B说："早上好！"B回答说："早上好！我今早因睡懒觉没吃上早饭。"以上对话是陈述吗？

【答】A的言论属于打招呼的行为，不是陈述。B的言论向A传达了一定的事实，因而属于陈述。

【例题2】A在JR东京站八重洲口的指定座席售票处，说道："我要一张到新大阪的最快的希望号列车指定座席的车票"，并购买了车票。A的言论是陈述吗？

【答】A的言论是申请购买车票的行为，而不是传达某事实是否存在的表达，因此不是陈述。然而，也有学者将这样的言论理解为诉说内心希望或者计划的陈述。但是，对于作为倾听方的车站售票人员来说，A的内心在想什么并不重要，因此没有必要将这样的言论看作对某事实存在与否的传达。

（二）陈述的三种表现形式

陈述大致可以分为三种表现形式：第一，声音表现形式，即口头语言；第二，文字表现形式，即书面材料；第三，用动作代替语言，以传达一定的事实是否存在为目的的表现形式。[①②]例如，当警察要求W"如果这些人中有你当时看到的人，请指出来"时，W指向X的动作。该动作与"我当时看到了这个人"这句话具有

---

① 本书中"陈述"的定义与《美国联邦证据规则》第801条（a）中"statement"的定义相同。美国联邦证据规则是联邦法院关于事实审理的规则，是美国代表性的证据法典。关于联邦证据规则中"陈述"的含义，详见绿大辅「アメリカの刑事手続上の公判外供述（１）」法律時報94巻10号（2022年）103-106頁。

② 日文原文是"供述"。因为日本法中没有被害人陈述与犯罪嫌疑人、被告人供述这样的区分，所以本书按其含义统一使用"陈述"一词。——译者注

相同的效果，因此属于陈述。同样，在法庭上听到辩护人说"请把你当时的姿势做给大家看"后，被告人再现的姿势也属于陈述。手语作为口头语言的替代手段被高度符号化，因此在这个分类中可以看作口头语言的一种。

即使人的行为可以成为推测某些事实存在的依据，但只要事实的传达不是有意识而为之的，就不是陈述。例如，W乘坐去往站台的扶梯，看到扶梯前方的几个人跑向站台。W据此认为电车进站了。在这种情况下，那几个人跑向站台的行为不是陈述。同样，A从咖啡店内向外眺望，看到行人打着伞，就知道外面开始下雨了。这种情况下，行人打伞的行为不是陈述。与之相对，A与B商量好，"B站在路边，若看到X出现就打伞"，那么B打伞的动作就是陈述。

【例题3】刑事警察K怀疑X掐死了V。X在审讯时供认不讳。因此，K要求X："把这个玩偶当作V，重现你当时的行为。"于是X用双手掐住玩偶的脖子，K将这一过程录了下来。该录像是X的陈述记录吗？

【答】X用再现行为代替了语言说明。这是以动作为载体的陈述。因此，录像是X的陈述记录。

（三）陈述的必要性与危险性

目击者的证言、鉴定人的鉴定意见、被告人的自白都是陈述。在刑事审判中，实际上是不可能不采用陈述来认定事实的。陈述在所有案件中都是重要证据。即使像凶器、药物这样的物证，为了确认其关联性也需要陈述。

但是与此同时，陈述作为证据也伴随着其特有的危险。这一点从陈述生成的过程便能明白。人是通过知觉来观察事实。对事实进行记忆，之后因外界的某种刺激而说出该事实，即叙述。但是，作为陈述的基础，人的观察却经常会出现错误，如看错、听错等。并且人的记忆在多数情况下会随着时间的推移而被淡忘或者被扭曲。无意识地将事后获得的信息与自己经历过的事实相混淆的情况也时有发生。而且人在叙述事实时也不一定会如实表达，出于种种动机有时也会故意说谎。也会有本人虽然抱有善意，但因表达不贴切而造成听者误解的情况。① 尽管如此，我们也容易认为"这人这样说就应该是真的吧"。据此，有可能发生错误认定事实的情况。实际上，不论是日本，还是其他国家，事实认定者相信错误的陈述是判决错误的主要原因。

传闻证据规则对陈述的采用设置特别规则，源自对上述陈述危险性的认识。

三、陈述证据的概念

下面分析"代替审判陈述使用"的含义。为此，首先分析审判期日中陈述作为证据的典型——目击证言。证人W在法庭上回答检察官的询问，作证说："我看见被告人X刺伤了V。"检察官期待法官或者裁判员直观地作出以下推断。W称目睹了被告人X的犯罪行为→W应该看到了X的本案犯罪行为→X应该是犯人。这背后，蕴含着"因为W说了××，所以应该是发生了××事实"这一推断。同样的，法庭上被告人X承认"我确实刺伤了V"。事

---

① 陈述具有的危险性是法与心理学的主要研究主题之一。参见高木光太郎『証言の心理学』（中公新書、2006年）。

实认定者多会因为X自己承认，从而推断X应该是犯人。因此，将审判陈述作为证据的典型目的是推定是否存在其陈述内容的事实。

被这样使用的陈述称为"陈述证据"。也就是说，为推断是否存在该陈述所叙述的事实而使用的陈述是"陈述证据"。

正如稍后的举例说明，将陈述用作证据的情形并不仅限于将其用作此类"陈述证据"。因此，作为证据的陈述不等同于陈述证据。即使是作为证据的陈述，如果不是作为"陈述证据"使用，就是非陈述证据。有些文献未对"陈述证据"的概念进行严密定义，使得传闻证据规则难以理解。对"陈述证据"的概念进行严密定义是理解传闻证据规则的关键。

【例题4】被告人X欺骗V说A公司不久将会发布划时代的新商品，其股价一定会暴涨，并骗取了其用于购买股票的1000万日元，被以诈骗的诉因提起公诉。检察官申请调查X发给V的电子邮件复印件的证据。该电子邮件中写道："我有朋友是A公司的干部。我从他那里得知A公司不久将要发售一款划时代的游戏。到时股价肯定暴涨。我建议赶紧趁现在购买股票。"这封邮件是陈述吗？是陈述证据吗？

【答】这封邮件因有传达"A公司不久将要发售划时代的游戏"这一事实，故而是X的陈述。但是，检察官不可能期待从该邮件推断出A公司确有计划宣布发售一款划时代的游戏。因此，该邮件不是陈述证据。

上文所述陈述的危险性的典型表现也是作为"陈述证据"使用的情况。也就是说，实际上本不确切的陈述却被认为是对事实的准确陈述，通过推断陈述内容的事实，而错误地认定事实。对于所言及内容的事实,陈述证据是直接证据。①正因如此,其容易被采信。因此,如果不让陈述人在法庭上进行陈述,不能直接确认陈述的可信性,便有可能会过高地评价其证明力。

这样就可以理解,法条中所说的"代替审判期日的陈述作为证据",是指将其作为陈述证据使用。审判外陈述只有在作为陈述证据使用的情形下才能成为传闻证据。因此,传闻证据可以定义为审判外陈述作为陈述证据使用的证据。更具体地说,将审判期日之外的陈述用于推断其陈述内容是否属实而使用的证据称为传闻证据。②

从陈述证据的定义来看,一份陈述是否能成为陈述证据是由从该陈述的信息中所要推断的内容决定的。因此,待证事实的概念非常重要。

四、证明内容与待证事实

通常认为,是否为传闻证据取决于其与证明内容或者待证事实之间的关系。这种解释本身是正确的。为了理解这一点,有必要理解证明内容与待证事实的概念。

证明内容与待证事实都是指通过特定的证据而欲明确的事实。在此范围内,这两个概念具有互换性,有时也可以理解为证明内容等于待证事实。

---

① 这里的直接证据是指假定该信息可信的情况下,逻辑上必然能够确定是否存在待证事实的证据。

② 实质上,该定义与《联邦证据规则》第801条(c)中"hearsay"的定义相同。但是,相对于联邦证据规则从陈述定义一下跳跃导出传闻的定义,本书的定义通过在它们中间加入陈述证据的概念,分三个阶段导出定义。这样解释的理由是步步深入的定义形成过程更容易理解,而且普及陈述证据概念本身也具有意义。

但是，严格地说这两个用语具有不同的含义。首先，证明内容是由申请调查证据的当事人①出示的，是申请证据的目的。这也就是《刑诉规则》第189条第1款所说的"应证明的事实"。与之相对，待证事实是事实认定者根据证据推断的、对解决该案件有用的事实。因此，两个用语的视角不同。

其次，较之证明内容，待证事实更多是具体的事实。实务中，当事人申请调查证据通常要提交"证据等关系卡"。"证据等关系卡"上填写"证明内容"一栏的留白空间很小。实际填写的证明内容多是如"现场的状况""被害情况"和"犯罪行为的目击情况"等非常抽象的内容。而待证事实则是如"被告人用刀扎伤被害人的腹部"这样的具体事实。

如果使用待证事实的概念，则陈述证据可以定义为以陈述内容的事实是否存在作为待证事实的利用方法。如果以陈述内容的事实是否存在作为待证事实，则该陈述是陈述证据，待证事实如果是其他内容则是非陈述证据。因此，审判外陈述因待证事实的不同，而分为传闻证据和非传闻证据。

【例题5】被告人X在自己发行的报纸上刊登了一篇关于揭露乐园市的A市长在录用市政府职员时收受了报名人父母贿赂的报道。A因此控告其损害名誉，检察官对X提起公诉。X的辩护人主张，登载的报道内容属实，即使证据不充分，但因X有适当的理由相信其属实，根据《刑法》第230条之2第3款的规定，X无罪。辩方的证人W1在法庭上作了如下证言："我听乐园市政府人

---

① 在日本，刑诉法中并未使用"当事人"一词，学术研究中的"当事人"是指检察官和被告人双方。——译者注

事科职员W2说'具体是谁不能说，三位想让儿子进市政府工作的家长每人给了A市长50万日元的现金'。我将此信息告诉了X。"检察官对此表示："反对。这是传闻陈述。"W1的证言中，画线的部分是传闻证据吗？

【答】此问题的答案因不同的待证事实而不同。如果辩护人期待根据该证言认定报道的内容属实，则W2的发言就是陈述证据，因而也是传闻证据。与此相对，如果辩护人想通过此证言说明X认为登载内容属实的理由或者新闻报道关于A市长受贿嫌疑的缘由的话，W2的发言就不是陈述证据。在这种情况下，画下划线的部分就不是传闻证据。这里需要强调的是，在两种情况下不变的是，W1的证言是陈述证据。以此为前提，理解如下结构非常重要，即由在W1证言中出现的W2的言论是否为陈述证据决定W1的证言是否为传闻陈述。

例题5改编自损害名誉罪的著名判例最大判昭44·6·25刑集23卷7号975页（晚报和歌山时事案件）。在此之前的判例认为，只要无法证明登载事实的真实性，相信其属实的辩解就不能成为免责的理由。该判例改变了这一点，认为参照可靠的依据，有相当的理由相信其属实就可以免责。为此，原审和上告审中改变了待证事实的运用方法。作为同样是包含他人陈述的证言，因待证事实的运用方法不同而左右其是否为传闻证据的案例，该判例非常重要。此外，结合改变刑法解释的判例，该判例作为改变判断证据能力的案例也具有深远意义。[①]

[①] 但是，像这样被告人通过听到的信息能否成为相信登载事实真实的"确实的根据"，是另一个问题。最高法院应该是认为即使理由不充分，也可以作为根据之一。

五、明确待证事实

（一）从证明内容获知待证事实

如上所述，判断以审判外陈述为内容的证据是否为传闻证据，必须假定待证事实。假定待证事实的线索是证明内容。刑事诉讼中证明内容被认为没有强制力。但是，在证据能力的有无随证明内容而变化的情况下，原则上只能以申请调查证据的当事人提出的证明内容为基准，判断有无证据能力。这也与当事人主义的诉讼构造相吻合。判断是否为传闻证据也是这样的情形之一。

在简单的案例中，可以直接将申请调查证据的当事人表明的证明内容理解为待证事实。例如，在持有兴奋剂的案件中，如果检察官以"扣押物品是兴奋剂"为证明内容，对鉴定书提出证据调查申请，那么也就明确了从被告人处扣押的物证的化学成分是兴奋剂这个待证事实。

如果证明内容是抽象的，则需要将待证事实具体化。此外，对于询问，证人会回答多个事实。因此，严格来说，证人的每一个回答都会产生其固有的待证事实。

【例题6】检察官以X对V实施抢劫的诉因而提起公诉，并且以"被害情况"为证明内容申请调查V的陈述笔录。该笔录的待证事实是什么？

【答】待证事实是V如其所陈述的那样遭遇了抢劫。

【例题7】在例题6的案件中，辩护人对申请调查V的陈述笔录表示了"不同意"的意见。检察官以同样的证明内容申请询问证人V，法院对此予以许可。在审判期日，接受询问的V作证说：

"被告人拿刀抵着我的胸口,说:'我有三次杀人前科。如果不想死,就老老实实把钱交出来。'"该证言的待证事实是什么?该证言是传闻证据吗?

【答】待证事实是作为X对V的抢劫手段,X进行了上述胁迫。X对有关自己前科的言论是陈述。但是,X有杀人前科在这里不是待证事实。因此,V的证言中出现的X的言论不是陈述证据。所以,V的证言不是传闻证据。

【例题8】被告人X因在V的家中实施抢劫的诉因被提起公诉。检察官以"现场的状况"为证明内容,申请调查刑事警察K制作的实地确认笔录[①]。该笔录的待证事实是什么?

【答】概括地说,待证事实是V家的状况如K观察后在实地确认笔录中描述的事实。更具体地说,房屋结构如平面图所示、后门的锁被撬坏、如图所示从后门到起居室有连续的鞋印等,都是待证事实。

(二)应当从案件的争议点假定待证事实的情形

实务中也存在无法单从申请调查证据的当事人表明的证明内容直接获知待证事实的情况。在这种情况下,如果不回溯案件的争议点并假定申请调查证据的当事人期待从该证据进行怎样的推断,就无法特定待证事实。

【例题9】被告人X因在家中私自持有5克兴奋剂的诉因被提起公诉。从X家中扣押的白色粉末被证明是兴奋剂。但是,X声称该粉末不是自己保管的物品,不知道是谁偷放在这里的。检察

[①] 参见第六章二(一)实地确认笔录。——译者注

官申请调查X的女友W的日记本的证据。其证明内容是"W于某年某月某日在X处发现兴奋剂后与X的对话情况"。W的日记在某年某月某日中有如下记载:"我在X的衣柜抽屉里发现了装有白色粉末的塑料袋。X从我手上拿起该袋子,说:'这是我疲劳的时候使用的兴奋剂。不要跟别人说。'我感到很害怕。"该日记的待证事实是什么?

【答】在这个案件中,X家藏有兴奋剂是已经明确的客观事实,争议点是X是否有持有兴奋剂的故意。因此,就W找到的白色粉末,X说是自己持有的兴奋剂这一事实非常重要,这是第一阶段的待证事实。X有持有该兴奋剂的故意这一事实是第二阶段的待证事实。

例题9是将平成20年司法考试真题简化后的例题。对于这样的案例,应对思路是将证据调查申请人的证明内容与争议点对照进行解释,再特定待证事实。另外,如本案例所示,在日记即W的陈述中出现他人X的陈述时,将待证事实分阶段进行分析会更容易理解。

(三)应当对证明内容进行实质性解释后假定待证事实的情形

对于有些案例,如果仅按照字面意思来理解申请调查证据的当事人表明的证明内容,那么与争议点进行对照就没有意义。在这种情况下,就有必要先对证明内容进行实质性解释,再思考对案件解决有意义的待证事实。

【例题10】X因在电车中对V进行性骚扰,被以违反防止骚扰条例的诉因提起公诉,但其否认指控的事实。被害人V在警察局内把长凳当作电车的座椅，由一名女警察扮演嫌犯，再现了其如何被骚扰的过程。刑事警察K拍摄了该过程的照片，并对V的照片附上说明，制作了"被害再现状况报告书"。检察官以"V再现被害情况"为证明内容申请了该证据。该报告书的待证事实是什么？

【答】在这个案例中，检察官有必要对V遭受了来自X的性骚扰这一主张进行举证。为此，只是按照证明内容证明V再现并展示了报告书中描述的情况是没有意义的。如果不在此基础上进一步思考V如同再现情况一般受到了骚扰这一待证事实，那么这个证据就没有意义。

例题10是将最决平17·9·27刑集59卷7号753页（性骚扰再现报告书案件）的判例简化后的例题。最高法院也是基于对这样的待证事实的理解，判断报告书的证据能力。令和5年司法考试真题的"实地确认笔录"以"再现被害情况"为证明内容、由检察官申请调查证据的例题中，待证事实也是V受到了与再现情况一样的被害。关于这样的再现实地确认笔录，将在后文勘验笔录的传闻例外部分加以探讨（第七章三）。

（四）不明示证明内容的试题

考试题目中，不明示证明内容，让考生自己推测待证事实的情况也并不少见。对没有法庭举证经验的学生来说，这可能会让他们感觉不熟悉。但不能说这种题目不友好。因为如果成为法曹参与诉讼，为了申请调查证据必须自己考虑证明内容与待证事实。

【例题11】X与Y共谋，Y冒充V的儿子打电话给V，谎称："我挪用了公司的钱，如果不马上填补上，警察就会介入。你赶紧拿500万日元给公司的人。"想通过告知虚假事实，来骗取金钱，但因V有所觉察而没有给钱。X因诈骗未遂的诉因被提起公诉。审判中，X主张自己没有参与Y的诈骗行为。检察官为证明X与Y共谋，申请调查从Y家扣押的备忘录的证据。备忘录中Y的笔迹写着"1/5 X打来电话，性骚扰和解金会被怀疑，于是决定谎称挪用了公司的钱。之后会发来具体的剧本"。辩护人对此表示不同意。这份备忘录是陈述吗？是传闻证据吗？

【答】从这份备忘录的记载中可以看出1月5日X有给Y打电话联络一定内容的事项。因此这份备忘录是陈述。检察官申请调查证据的目的是表明Y对V的行为是基于与X的共谋。为此，备忘录中记载内容的电话1月5日曾由X打给Y是待证事实。因此，该备忘录是Y的陈述代用文书，是传闻证据。

例题11是将平成27年司法考试真题简化后的例题。题目中没有使用证明内容一词，而表明了申请证据的目的是"证明共谋"。因此，为了达成该目的，有必要采取通过思考从该证据中需要直接推断出什么，来设想待证事实的思考过程。令和3年司法考试真题中一份被认为是共犯写下的指认内容的备忘录的处理也几乎是相同的问题。

有的题目既不明示当事人的证明内容，也不明示申请证据的目的，取而代之以明示案件的争议点来提问是否为传闻证据。在回答这样的问题时，需要有从争议点直接读取待证事实的想象力。

【例题12】X因某年某月某日非法地向Y转让兴奋剂的诉因被提起公诉。从Y家中扣押了放在感冒药盒中的小袋兴奋剂。X承认把该感冒药盒给了Y，但是不承认知道里面装有兴奋剂。在审判前整理程序中，确定了本案争议点是X将装在药盒里的感冒药交给Y时是否认识到里面装有兴奋剂。审判中，作为控方证人的

Y提供如下证言:"那天,我从X那里拿到感冒药的盒子时,X没有说里面放有兴奋剂。但是,他提醒我说:'回去时不要走三番街。那里经常有警察盘查,时常会在职务询问中发现携带兴奋剂的人。'"对此,辩护人表示:"反对!这是传闻陈述。"检察官对此应当如何反驳?

【答】检察官应当反驳:"Y证言中出现的被告人X的言论是被告人知道他给出的药盒里装有兴奋剂的证据。因其不是陈述证据,所以也不属于传闻陈述。"

例题12是将平成28年司法考试真题的表述稍加修改而成的例题。题目中没有明示检察官申请询问证人Y的目的。但是,明示了案件的争议点是X给Y感冒药盒时是否知道里面装有兴奋剂。因此,检察官期待从Y的证言里推断出的并不是三番街的警察频繁进行职务询问以查处携带兴奋剂的事实,而是X如果不知道其给出的盒子里装有兴奋剂就不可能会进行这样的忠告的推论。正如后文将再次确认的,像这样仅将陈述人X的认知作为待证事实的陈述并非陈述证据。因此,包含X的言论的Y的证言不是传闻陈述。

再者,在既不提示证明内容也不提示争议点的例题中,应当参照实体刑法的要件事实,通过想象当事人期待从该证据中得到什么样的推断,或者法院可能从该证据中推断出什么,来想象待证事实。在像例题5这样可能存在多个待证事实的情况下,需要分别判断其是否为传闻证据。

(五)应当假定与证明内容不同的待证事实的情形

作为更复杂的案例,即使证据申请人提出与证明内容A具有关联性的证据,通过调查该证据,无法避免事实认定者形成推断其他重要待证事实B的心证。在这种情况下，需要考虑是否具有证据能力的不只待证事实A，还有待证事实B。

【例题13】被告人X因在女友V家中将其杀害的诉因被提起公诉，但其否认指控的事实。检察官指控X使用开锁的技术进入并藏在V的家中，等V回来后将其杀害。检察官申请调查X向刑事警察作出的自白笔录，而辩护人质疑该自白笔录的任意性。但是，对于X掌握开锁的技术这一点没有争议。检察官以"X掌握开锁技术"为证明内容，申请调查警察K制作的"照片摄影报告书"。该报告书中记录了下述经过：警察K将X带到V的公寓，在屋门上锁的状态下，将从X家扣押的针状金属工具交给X，说"你演示一下案发当日的开锁过程"。X使用针状金属工具打开了门锁。该过程被拍摄了下来，如附在报告书中的五张照片所示。该报告书的待证事实是什么？另外，法院可以采用该证据吗？

【答】该报告书确实能够为推断X掌握不使用钥匙而用针状金属工具开锁的技术提供根据。但是，如果采用该报告书进行证据调查，很难避免法官和裁判员会认为X已经对部分犯罪行为作出了自白。因为警察K明确表示了让X再现犯罪过程。[①]为此，必须将X的犯人属性也作为待证事实考虑该报告书的证据能力。在对自白任意性有争议的阶段不应当采用该报告书作为证据。

综上所述，抽出某一证据的待证事实进行思考的工作，根据案情不同，有时简单，有时则非常复杂。简单的理解待证事实就

---

① 平成21年司法考试真题中关于"实地确认笔录"的案例包含与例题13相同的问题。但是，公布的"出题目的"中对此没有言及（第七章例题11【答】）。关于不具备自白性意义的犯罪行为能力的举证方法参见第七章例题10。

是通过想象"从一个证据推断出什么才能够成为解决该案件的有用信息"进行判断。

六、小结

陈述是指人要表达一定的事实是否存在而进行的言语的表达。《刑诉法》第320条第1款禁止的传闻证据是指禁止将审判外生成的陈述作为陈述证据，即作为推断陈述内容中的事实是否存在的根据而使用的证据。不是陈述的发言或者不是陈述证据的陈述，不会成为传闻证据。因此，审判外生成的发言或者文书是否能成为传闻证据，可以通过以下的思考过程进行判断：①是否为陈述？→②参照待证事实是否为陈述证据？是否为陈述证据由待证事实决定。除了申请调查证据的当事人的证明内容以外，还要思考实体刑法的要件、该案件中的争议点等，通过思考从证据推断什么才能对该案件的事实认定有意义，据此确定待证事实。

读者也许对传闻证据和非传闻证据的区别，特别是对为了区分是否为传闻证据而抽出待证事实的方法还没有信心。当然，这应该是读者普遍的感受。传闻、非传闻的区别在后面的章节还有很多例题，可以通过经验积累慢慢树立信心。就目前而言，在本章中，如若掌握了陈述、陈述证据和传闻证据的定义，就已经达到了目标。

第二章
禁止传闻证据规则的含义

一、概念的重申

正如第一章所解释的,传闻证据是指将审判外陈述用作陈述证据,即用作推断陈述内容中的事实是否存在的根据。但是,也有一些文献对传闻证据的定义与此略有不同,下面对这些内容进行确认。

(一)表达的不同

有解释认为,审判外陈述内容的真实性存在问题的是传闻证据。作为陈述证据被采用的前提是,预期陈述的内容是真实的。当然,其内容是否真实,最终是由事实认定时的自由心证来判断的。但是,采用从开始就知道不是真实的陈述作为陈述证据没有任何意义。因此,陈述证据确实会出现其内容真实性的问题。

然而,这样的定义也会使人产生误解。例如,在通过文书损害名誉的案件中,因适用《刑法》第230条之2的规定,会出现记载事实的真实性成为争议点的情况。因此,根据上述定义,有些人误以为构成损害名誉行为的文书是传闻证据。当然,该文书是构成犯罪行为的证据,而不是为了推断记载事实的真实性的证据。

因此，该文书既不是陈述证据，也不是传闻证据。

如果深究这一解释，就会得到一个重要的启示。即判断是否为陈述证据的方法是：假设陈述内容不真实，但其仍有作为证据使用的价值，则其不是陈述证据（因此亦不是传闻证据）；反之，如果因该假设而失去作为证据使用的价值则其是陈述证据。如果稍加思考就可以理解，从陈述证据的定义必然能够推导出该判断方法。如果理解了该判断方法，则有助于区分传闻证据和非传闻证据。

此外，也有将传闻证据定义为，为了证明陈述内容的真实性而使用的审判外陈述。确实，如果直译联邦证据规则中对传闻证据的定义，就接近于这样的表达。这种定义实质上也与本书中的定义一致。但是，在日语的一般语感中，这样的表达会被认为陈述是指作为其他的辅助证据用以支持陈述内容真实性的证据，比较难以理解。

以上两种定义只是与本书中定义的表达有微妙的区别，实质上是相同的。

（二）狭义的定义

但是，从更实质的观点出发，也有学说对传闻证据采用了与本书不同的定义。如果仔细思考一下，会发现有些陈述既没有经历通过观察得到的感知也没有经历记忆的过程。例如，A说："我头疼。"因是诉说存在的事实，所以它是陈述。但是，由于它不是一个经过对外界的观察、感知和记忆过程的陈述，所以在一定限度内较之典型的陈述，发生错误的风险较小。因此，一些学者认为应该将这种陈述从陈述证据和传闻证据的定义中剔除出去。[1]从

---

[1] 关于该定义的例子，参见太田茂『実践刑事証拠法』（成文堂、2017年）54頁。

这种狭义的定义来看，即使听到该陈述的W在法庭中作证A当时头疼的待证事实，其证言也不会成为传闻证据。但是，这样的陈述也可能在诚实性与表达的恰当性上仍令人怀疑。将其一概从禁止传闻证据规则的对象中排除是值得商榷的。实际上，这种狭义的定义是为了将所谓的现在心理状态的陈述作为非传闻，从而对传闻定义进行的限制。因此，在下一章中介绍心理状态的陈述论时会再次探讨这个问题（第三章三）。

（三）广义的定义

在美国，也有学说认为对发言的诚实性和叙述的恰当性存在疑问的陈述证据都是传闻证据。[1]这比本书中阐述的陈述证据的范围要大得多。按照此定义，下一章中为推断发言人精神异常而使用的陈述，以及为推断发言人的认知而使用的陈述，只要是审判外生成的陈述全部都是传闻禁止的对象。但是，这种广义的定义与联邦证据规则对传闻的定义不相符，在美国也并非普遍的见解。而且，联邦证据规则的传闻例外规定，即虽然符合传闻证据的定义，但是作为例外被准许的规定，是广泛的且举例性的，而与此相对，日本法的传闻例外是限定列举的。因此，如果在日本采用这种广义的传闻定义，将会导致对有用证据的使用的过度限制。

（四）根据是否有交叉询问的机会而区分的定义

关于传闻证据的定义，过去流行的学说是"传闻证据是不经

---

[1] Michael H. Graham, Federal Rules of Evidence in Nut Shell, 454–461（11th ed.2020）.

过交叉询问的陈述证据"。①更严谨的表述是"在事实认定者面前陈述时,不经过交叉询问的陈述证据是传闻证据"。这一定义是基于对立法目的的理解,禁止审判外陈述证据的主要理由是对方当事人没有通过交叉询问进行斟酌的机会。该定义是以此为前提反向推导而出的。按照这个定义,审判陈述如果没有机会进行交叉询问,也属于传闻证据。正如后文将要论述的,禁止使用审判外陈述的重要根据正是不能进行交叉询问。但是,传闻禁止的根据并不仅限于此。此外,《刑诉法》第320条第1款是根据是否为审判期日的陈述进行了区分,所以该定义与法条的规定不符。对于没有交叉询问机会的审判陈述的处理,如果将其视为《宪法》第37条第2款和《刑诉法》第308条的问题,会更容易理解。

【例题1】控方证人W在法庭上回答主询问时,作证说目睹了被告人X的犯罪行为。此时已至中午,审判长宣布休庭,并表示下午1点30分开庭后由辩护人进行交叉询问。W在休庭期间遭遇交通事故死亡。W的证言是传闻证据吗?

【答】如果根据是否有交叉询问的机会来判断是否为传闻证据,则该证言是传闻证据。但是,《刑诉法》第320条第1款是根据审判外陈述的特性对传闻证据进行定义。如果依照该法条,W的证言则不是传闻证据。

二、传闻证据的三个形态

《刑诉法》第320条第1款所禁止的传闻证据是传闻陈述和陈

---

① 主张该定义的代表学者是平野龙一。平野龍一『訴因と証拠』(有斐閣、1981年) 220頁。

述代用文书。其中，陈述代用文书又可以分为陈述书和陈述记录书。陈述书是指陈述人本人书写的书面材料。其标题既可以是陈述书，也可以是呈报书，还可以是"我的感想"等任意题目。像日记、书信、电子邮件等没有标题也无妨。除了手写，用文字处理软件编写的电子数据也是陈述书。与此相对，陈述记录书是W2在听取了W1的陈述后记录其陈述内容的文书。典型的例子是侦查人员制作的陈述笔录。陈述书和陈述记录书的区别在考量传闻例外要件时非常重要。《刑诉法》第321条第1款和第322条第1款规定，陈述记录书必须由作出原始陈述的原陈述人签名或者盖章，才能作为传闻例外而采用。这是因为陈述记录书是包括原始陈述在内的记录人的陈述代用文书。因为这里有两次陈述过程，所以原始陈述作为陈述证据时，严格地说是再传闻证据。与陈述书一样，作为单纯的传闻证据条件，法律上要求陈述记录书有原陈述人的签名、盖章。关于这一点，之后在陈述笔录的传闻例外部分将再次进行论述［第四章三（一）］。

另外，还有一种证据形态，虽然《刑诉法》第320条第1款字面上没有禁止，但一般被理解为是传闻证据，因而成为被禁止的对象。这就是录音或者录像的陈述。通说认为，这种形态的证据在用于推断是否存在记录的陈述内容的事实时，因为是审判外生成的陈述证据，所以与陈述代用文书相同，是传闻证据。《刑诉法》第321条之2和第321条之3对陈述的录像记录规定了宽缓的传闻例外要件。这说明立法者认为陈述的录音录像记录也是传闻禁止的对象。

【例题2】V向警察报案，称自己遭受了X的不同意猥亵的被害。刑事警察K听取了V的被害陈述并对该过程进行了录音录像。

检察官对X提起了公诉，并以"被害情况"为证明内容，申请调查该录像记录的证据。这是传闻证据吗？

【答】该录像是对V审判外陈述的记录。而且待证事实是V遭受了如他所述的伤害。该录像记录的信息是审判外的陈述证据，因此是传闻证据。

这种情况下，录音录像以及播放都要使用机器。因此，一般认为，它不是像陈述记录书那样的再传闻，不需要原陈述人的签名、盖章作为传闻例外的要件。

综上所述，传闻证据在法庭上出现的（或者禁止作为证据使用的）三种形态是传闻陈述、陈述代用文书和录音录像的陈述。

应当注意传闻证据和非传闻证据的区别与书证和作为证据物的书面材料①的区别并无关联。《刑诉法》对书证（第305条）和作为证据物的书面材料（第307条）在证据调查的方法上进行了区分。前者应宣读或者告知主要内容；后者应出示并宣读或者告知主要内容（《刑诉规则》第203条之2）。从这种证据审查方法可以看出，书证通常是指其存在本身没有争议的文书，而作为证据物的书面材料则是其存在本身必须通过出示来进行证明的书面材料。按照这种分类，侦查人员记录的陈述记录书是书证。与之相对，被告人向被害人寄送的恐吓信等是典型的作为证据物的书面材料。因此，书证是传闻证据，而作为证据物的书面材料是非传闻证据。

但是，这种联系并不是必然的。例如，像后文会看到的那样，即使是陈述笔录，如果内容自相矛盾的陈述作为弹劾证据，则不

---

① "作为证据物的书面材料"，是指既以其存在也以其记载的内容来证明案件事实的文书。——译者注

是陈述证据，而是非传闻证据［第十三章二（二）］。反之，即使是作为证据物的书面材料，如果其内容作为陈述证据使用就是传闻证据。

【例题3】X为了不还钱将债权人V杀害，X因《刑法》第236条第2款①的抢劫杀人的诉因被提起公诉。X否认该诉因，也否认欠V的债务。检察官申请调查V生前的日记本。该日记本中记载着："借给X的500万日元怎么也收不回来，很是苦恼。"该日记是传闻证据吗？如果采用该证据的话，应当用什么方法进行调查？

【答】从争议点进行推断，日记本的待证事实是X向V借钱并且一直未还。那么，该日记本是V生前的陈述代用文书，所以是传闻证据。如果该日记本作为传闻例外被采用，应当作为证据物的书面材料，通过出示及宣读来进行证据调查。

但是，审判实务中，对于作为证据物的书面材料的调查申请，当对方持"不同意"的意见时，法院可以决定"作为物品采用"。本来作为证据物的书面材料是明确的书面材料却要"作为物品采用"意味着不将其内容作为陈述证据使用，而作为非陈述证据在其可利用的限度内使用。即使是这种情况，也应当确认书面材料上写了什么，而不是只单纯地证明存在书面材料。像这样在考虑书面材料内容的同时，作为非陈述证据使用的情况下能否作出有用的推断应当视个案的情况进行判断（参见第十三章例题11）。

【例题4】X和Y是同事，两人共谋利用公营赛马的结果进行

---

① 《刑法》第236条第1款的抢劫客体是财物，第2款的抢劫客体是财产上的非法利益。——译者注

私人赌博赚取钱财，并被以违反赛马法的共同正犯的诉因提起公诉。X承认了该诉因事实，而Y否认自己曾经参与。检察官以"在Y的抽屉内发现的备忘录的存在及其内容"为证明内容，申请调查从Y单位桌子抽屉中发现并扣押的备忘录证据。该备忘录由8页A4纸组成，以Y的笔迹记录了8次公营赛马的竞赛名称。每页分别有大概20个人名，人名的旁边记载着赛马的名字和一个或者两个金额。写有两个金额的都是得到第一名的马。对此，Y的辩护人表示"这是传闻证据，不同意"的意见。法官告知："那么，作为物品采用。"该备忘录的待证事实是什么？

【答】该备忘录是Y记录的私自赌博行为的可能性非常高。如果能够确认该备忘录中所记录的人参加了所记内容的赌博，则该备忘录是Y的陈述代用文书，属于传闻证据。法院决定"作为物品采用"则意味着不作上述使用，待证事实仅限于可说明以Y的笔迹记录了赛马的私自赌博行为为内容的备忘录是从Y的抽屉里发现的事实。该备忘录的存在作为Y参与了私自赌博行为的间接证据具有关联性。

三、机械的记录与传闻证据规则

（一）机械记录的非传闻原则

这部分梳理照片、录像和录音等利用机械记录的信息与传闻证据概念的关系。

照片、录像、录音记录不是人感知后记忆的信息，而是机械记录并重现的信息。因此，一般认为机械的记录不是陈述证据，故而也不能成为传闻证据。

【例题5】X因在A车站内聚集众人并指挥暴力骚乱的诉因被提起公诉。检察官申请调查由姓名不详者拍摄的十张骚乱情景的照片证据。照片中是很多人与警察队伍推搡的情景。辩护人表达了"不同意"的意见。这些照片是传闻证据吗？

【答】这种照片被称为现场照片。通说认为，照片的拍摄、成像、洗印的过程因不是陈述，所以照片不是传闻证据。在最决昭59·12·21刑集38卷12号3071页（新宿车站骚乱案件）中也是作为非陈述证据。当然，必须能够确认关联性，即照片确实拍摄的是案件发生当时的情景。此外，即使是照片，因拍摄的角度、洗印的方法或者数码照片的加工等，也可能存在让人产生错误印象的风险。如果有这样的疑问，应当以某种方法证明其准确性。

【例题6】尽管X没有还款的前景以及还款的意图，但其装作一副会还款的样子，对V说："一个月后，我将有一笔很大的工程款进账，那时肯定能够还钱，所以在此之前能否先借我300万日元呢？"X因虚构事实让V信以为真，并诈骗了300万日元的诉因被提起公诉。X主张，自己没有说过将要收到工程款项，所以并没有骗人。检察官申请调查一张CD证据，该CD复制了V用IC录音机录制的X申请融资的录音。该CD是传闻证据吗？

【答】从诈骗罪的构成要件及X的主张来看，该CD的待证事实是X向V说过诉因中所示的内容并请求融资。另外，由于录音、播放的过程是通过机械的信息传达，所以不是陈述。因此，该CD不是陈述证据，故而也不是传闻证据。福冈高判平7·6·27判时1556号42页（谈话录音案件）也是相似的案例，其中录音带被视为非陈述证据。

（二）陈述记录的传闻性

但是在某些情况下，照片、录音和录像等记录也可以作为传闻证据。其中一种情况是声音陈述的录音、动作陈述的摄影记录。上述例题2中陈述的录音录像记录、第一章例题3中再现犯罪行为的录像都是这类例子。当记录中的陈述作为陈述证据使用时，这些记录会成为传闻证据。

【例题7】W于深夜在涩谷区的街上目击了白色轿车撞人后逃逸，马上用手机拨打110报警："在表参道有辆白色轿车撞人后逃逸，向原宿方向跑了。车牌号是820。"后来，X作为该案肇事逃逸的罪犯被提起公诉，但其否认指控的事实。X的自用车是白色福特金牛座，车牌号是品川320さ·820。在法庭上，W作为证人接受了询问。W作证说："逃逸的车应该是辆白色轿车，车牌号我完全不记得了。但是，如果我在打110报警时说过车牌号，那应该就是正确的。"检察官以"W拨打110报警的内容"为证明内容，申请调查警视厅通信指挥室复制的W拨打110报警的录音CD。该证据是传闻证据吗？

【答】从证明的必要性出发，该录音CD的待证事实是正如W报警时所说，逃逸轿车的车牌号是820。因其是审判外生成的陈述证据，所以是传闻证据。

表达陈述的动作的照片，虽然是静止画像的照片，也是陈述的记录。这种照片有时被称为陈述照片。第一章例题3是再现犯罪行为的录像的案例。即使它不是录像而是拍摄的照片，其仍是再现人陈述的记录，因而也属于陈述照片。

照片可以作为陈述证据的另一种情况是作为报告书的一部分

的照片。以书面形式报告事实时，不仅可以使用文字信息，还可以使用照片等图像信息。在这种情况下，照片就构成了报告书中陈述的一部分。因此，照片成为陈述代用文书的一部分。刑事警察在实地确认笔录中附上的照片等就是典型的例子。

第一章例题10是一个记录了V再现被害动作的报告书中附上照片的案例。该报告书是刑事警察K记录的V通过动作作出的陈述的报告文书。因此，从双重意义上来说这份报告书都是陈述证据，具有再传闻证据的性质。

四、审判陈述与审判外陈述的区别

禁止传闻证据规则是着眼于陈述证据危险性的证据规则。然而，即使是审判陈述，也具有作为陈述证据的危险性。尽管如此，只对审判外陈述进行规制一定是有原因的。要了解该原因，就需要思考审判陈述与审判外陈述的区别。

第一，由于审判陈述是在事实认定者面前进行，事实认定者能够直接观察到陈述人的神态。与之相对，审判外陈述则无法直接观察到陈述人的神态。

第二，在审判陈述中，事实认定者能够知道陈述人回答了什么样的问题以及是用怎样的语言表达回答的。也就是说，能够知道陈述的形成过程。例如，能够了解到陈述人是回答了诱导性提问，还是自己积极地说出了信息。与之相对，至于审判外陈述，则很难知道陈述的形成过程。作为典型的审判外陈述，陈述笔录一般是故事性的独白。从这样的陈述笔录无法获知陈述人与侦查人员进行了怎样的交流后才形成这样的笔录。

第三，作为典型的审判陈述，证言和鉴定意见都需要进行宣誓。与之相对，审判外陈述一般不需要进行宣誓，因此无法通过对作伪证的惩罚来保障其诚实性。然而，这种对比并不总是成立。即使是审判陈述，也有诸如共同被告人的陈述不需要宣誓的情况。反之，审判外陈述也有需要宣誓的情况，如根据《刑诉法》第226条、第227条的规定第一次审判期日之前对证人的询问。

第四，在审判陈述中，对方可以对不利的陈述进行交叉询问。借此可以对陈述的可信性提出疑问。事实认定者可以在考量这些信息之后，再评价陈述的可信度。与之相对，对于审判外陈述，因为陈述人在作陈述的时候并不在法庭上，所以无法在事实认定者的面前进行交叉询问。此外，事实认定者可以向审判陈述人进行补充提问，而审判外陈述却不能。

以上四点中，较之审判陈述，判断审判外陈述可信性的手段更少。这四点中，第一点和第二点可以通过将审判外陈述进行录音录像，以此在一定程度上补充相关信息。但是，录像是从一定的视角截取画面的结果，与在事实认定者面前的陈述相比，可传达的信息还是有限的，所以反而可能会让人产生错误的印象。另外，第四点是审判陈述与审判外陈述的根本区别。审判外陈述的这种局限性使其成为容易导致事实认定者错误评价可信性的信息。因此，传闻证据规则禁止使用审判外陈述作为证据。这是法律明文限制法律关联性的典型例子。

【例题8】被告人X因伤害V的诉因被提起公诉。X否认指控的事实。X出庭时是茶色头发。控方证人W1在审判期日作证说："W2对我说：'致使V受伤的是一个茶色头发的男人。'"对此，辩护人提出："有异议。这是传闻陈述。"下列哪一项是W1的证言不能作为证据的实质性理由？

①没有天然的关联性。

②W2是否真的向W1说了该内容，无法直接向W2确认。

③即使W2对W1说了该内容，其发言的可信性也无法向W2进行确认。

【答】③正确。首先，如果W1与W2的陈述都是真实的，则该信息是X的犯人属性的间接证据，因此该证言有天然的关联性。作为禁止传闻证据的理由，选择②是常见的错误理解。诚然，W1的证言是否正确地再现了W2的发言是存疑的。最坏的情况是从W2听来的话可能完全是谎言。但是，这只是一般证言所具有的危险性的体现。即使是目击证言，也存在证人不能正确地表达自身经历的可能性。正因如此，有必要通过交叉询问对可信性进行考量，而且这也具有可行性。同样，对于是否真的听到了W2说这样的话，可以对W1进行交叉询问。传闻证据特有的危险在第③点。即使假定W1说的是真实的，因无法通过对W2进行提问来判断原陈述人W2所言是否真实，因此传闻陈述是被禁止的。理解②和③的意思的不同，对于正确理解传闻证据规则非常重要。同样的，法律禁止陈述代用文书不是因为怀疑文书的有效性。而是因为即使是正式的文书，也无法向陈述人确认陈述内容是否正确。

然而，禁止传闻证据是一项"规则"，并不是绝对的定律。实际上，即使符合传闻证据的定义，《刑诉法》也承认在满足第321条以下法条规定的一定的条件下，某些证据具有证据能力。这就是传闻例外的情况。关于传闻例外，从第四章开始进行详细说明。

另外，还应当注意禁止传闻证据规则并不适用于所有内含陈述证据类型化危险的证据。在某些情况下，即使该证据与陈述证据具有相同性质的危险性，但由于不是审判外陈述，也不会成为传闻证据禁止的对象。

【例题9】5岁的孩子V于2023年5月1日下午失踪。母亲M提交了寻人申请后，警察开始寻找V，但是没有任何线索。第二天，V平安回到了家。V对M说："昨天，我坐轿车去了一个不认识的叔叔家。今天吃完早饭后，我坐着叔叔的轿车，在咱家门口下的车。"5月6日，M带V在附近的儿童公园玩耍时，有一位60岁左右的男子X路过。正在沙坑玩耍的V看到X后，突然跑过来抱住M。X没有朝V的方向看一眼便离开了。M不记得见过该男子。M问V："你认识那位叔叔吗？"V没有回答。因有W看见X让V坐车的目击陈述等，检察官以X诱拐未成年人V的诉因对其提起公诉。X否认犯罪事实。审判中M就上面V说的话和行为作了证言。M的证言是传闻陈述吗？

【答】关于M在5月2日从V那里听到的话这一部分的待证事实是，V于5月1日被一个不认识的叔叔开车带去了他家。因为使用了V的审判外陈述作为陈述证据，所以是传闻陈述。讲述5月6日在公园的经历这一部分的待证事实是当时M不认识X，而V认识X还很怕他。这是证明X就是诱拐V的那个人的间接证据。但是，因为其中不包含V的陈述，所以不是传闻陈述。

在这个案例中，V可能会把X错认为别人。另外，X经过时，V抱住M的理由也有各种各样的可能性，该行为含有多种意思。也就是说，存在V的感知、记忆出现错误的危险，其叙述及表现也有很大的解释余地。因此，与陈述证据具有同样的危险性，或者比陈述证据具有更高的不确定性。尽管如此，M证言中出现的V的行为因不是陈述，所以不会成为传闻禁止的对象。这种区别的根据应该是直接证据与间接证据的不同。正如前面所论述的，陈述证据对于待证事实而言是直接证据，所以容易被相信。而这个案例中V的行为具有多种意思，只能是间接证据。由于人们在评价其证明力的同时意识到其具有多种意思，因此过高评价其证明力的可能性应该不及陈述证据那么大。

五、禁止传闻证据规则与证人询问权的关系

《宪法》第37条第2款保障了被告人的证人询问权。这意味着保障了被告人在法庭上向作出对自己不利陈述的人进行交叉询问的权利。如果将审判外生成的、对被告人不利的陈述作为证据，就会使被告人无法进行交叉询问的陈述成为证据。如果无条件地允许这样做，其结果实质上是违反了宪法对该项权利的保障。因此，对被告人而言，《刑诉法》第320条第1款的禁止传闻证据规则是保障宪法上证人询问权的担保。

但是，宪法上证人询问权的保障与禁止传闻证据规则是不同的法律原则。其不同之处表现在如下几点。

首先，禁止传闻证据规则不仅规制检察官提出的证据，也规制被告方想要提出的证据。《宪法》第37条第2款是一项单方面规则，只保障被告人的交叉询问权；与之相对，禁止传闻证据规则是一项双向规则，也同时保障检察官的交叉询问机会。

其次，尚不明确宪法保障证人询问权在多大程度上禁止使用对被告人不利的审判外陈述。最高法院的判例反复表明了《宪法》第37条第2款对被告人不利的审判外陈述并非"绝对"禁止的立场。[①]另外，在判断传闻例外的可采性时，提到了保障宪法上的证

---

① 最大判昭24·5·18刑集3卷6号789页、最判昭30·11·29刑集9卷12号2524页。

人询问权。[1]这表明被告人的证人询问权与禁止传闻证据规则之间存在一定的联系。但是最高法院的判例并没有对认可怎样的传闻例外就违反宪法的判断标准进行说明。

最后，相比之下，美国联邦最高法院的判例对被告人不利的审判外陈述的可采性及其与宪法的关系有非常明确的标准。《美国宪法修正案》第6条保障刑事被告人与不利益证人对抗的权利，亦称为证人对面权或者对质权，相当于日本《宪法》第37条第2款的规定。以往判例的立场认为，禁止传闻证据规则与证人对质权是保护相似价值的规则，传统上确立的容许传闻例外与保障被告人的证人对质权并不相悖。[2]但是，2004年克劳福德案的判决[3]认为，在被告人无法对陈述人进行交叉询问的情况下将"证言性"陈述作为证据违反了对证人对质权的保障。虽然对"证言性"陈述的含义还需要进一步解释，但其典型的例子是侦查人员为了调查事实而提问得到的陈述。如果日本法的传闻例外适用此标准，则容许采纳《刑诉法》第321条第2款前段规定的检察官笔录和第321条第1款第3项规定中对刑事警察职员的陈述笔录，这会违反宪法。

综上，美国判例认为宪法中的证人对质权条款有超出禁止传闻证据规则的意思，其结果是在宪法上严格限制使用对被告人不利的审判外陈述。而日本的判例中，并没有明确《宪法》第37条第2款在多大程度上禁止使用对被告人不利的传闻例外。

---

[1] 最三小判平7·6·20刑集49卷6号741页（参考人驱逐出境案件）。参考人，是指在犯罪侦查的过程中，接受侦查机关调查的嫌疑人以外的人。——译者注

[2] Ohio v. Roberts, 448 U.S.56（1980）.

[3] Crawford v. Washington, 541 U.S.36（2004）.日本的介绍有大谷祐毅『公判外供述の証拠使用と証人審問権の役割』（有斐閣、2022年）120页以下等。

六、禁止传闻证据规则与直接言词原则的关系

传闻证据规则与直接言词原则之间的关系也有必要进行确认。这里的直接言词原则是指若要将人的陈述作为证据，则应当在法庭听取该陈述，而不得使用书面形式的陈述（陈述代用文书）的原则。因此，直接言词原则亦称为口头原则。德国法严格遵守该原则。德国法在19世纪由纠问主义向弹劾主义转变的过程中，确立了直接言词原则。通过修改过去在纠问主义程序中基于书面陈述的记录进行事实认定，直接言词原则具有了分离审判前的证据收集与审判中的事实认定过程的功能。

在日本，《治罪法》和《明治刑诉法》（旧旧刑诉法）都没有明确规定直接言词原则。因此，直接言词原则，或用当时的术语来说，直接审理原则的采用，一直是明治以后日本刑事诉讼法修改的主要争议点。①《大正刑诉法》（旧刑诉法）第343条规定，除依法制作的讯问笔录外，原则上禁止使用陈述记录书作为证据。但这意味着，不仅是预审中的讯问笔录，根据当时的法律具有讯问权限的侦查人员制作的讯问笔录，也无条件地被认可证据能力。因此，并不能说大正刑诉法确立了直接审理原则。现行刑诉法中禁止传闻证据规则的采用，使得直接审理原则在日本法中首次得以确立。

直接言词原则与禁止传闻证据规则在禁止使用陈述代用文书这一点上极为相似。两者共同的优点是，审判陈述可以让事实认

---

① 关于《大正刑诉法》制定过程中围绕直接审理原则的讨论，小田中聰樹『刑事訴訟法の歴史的分析』（日本評論社、1976年）有详细论述。

定者能够直接观察陈述人的陈述态度及陈述形成过程。此外，两者还有一个共同的功能，即通过禁止使用通常反映了侦查人员心证的陈述笔录，切断从侦查到审判的犯罪嫌疑的承继。现行刑诉法试图通过同时采用起诉书一本主义，彻底实现上述分离。要理解日本的传闻证据规则，还应该考虑到这种直接言词原则的观点。

然而，禁止传闻证据规则是重视当事人交叉询问机会的当事人主义的法理，而直接言词原则是重视发现真相的职权主义的法理。因此，德国的刑事审判中虽然禁止陈述代用文书，但是不禁止传闻证言。①

七、小结

传闻证据是指将审判外陈述作为陈述证据使用的证据。法庭中的陈述有三种呈现形态：传闻陈述、陈述代用文书和机械的记录。通过照片、录像、录音记录和传达的信息因不是人的陈述，所以如果不是将记录内容的陈述作为陈述证据使用，就不是传闻证据。法律原则上禁止使用传闻证据是因为对审判外陈述不能进行交叉询问等，这使得斟酌其证明力的手段太少，从而导致有很大的可能性会过高地评价其证明力。同时，传闻证据规则有保证被告人享有宪法保障的证人询问权的功能。此外，它还包含事实认定者直接听取陈述的直接言词原则的要求。从更深的层面来看，通过禁止侦查过程中制作的陈述记录进入法庭，可以起到防止侦

---

① 但是，学说中传闻证言违反直接言词原则的主张很强势。关于德国法的讨论，参见川島亨祐「ドイツの刑事手続上の公判外供述（2）」法律時報95巻5号（2023年）131—134頁。

查人员对案件情况的认知被强加给法院的作用。[1]因此，禁止传闻证据规则不仅有助于实现防止事实认定错误、查明真相的目的，还具有确保事实认定过程的公正性的作用。

在下一章中，将通过探讨书面材料及审判外的发言不属于传闻证据的各种案例，来检验对传闻证据概念的理解。

---

[1] 斎藤司『刑事訴訟法の思考プロセス』（日本評論社、2019年）339頁解释了传闻证据规则是"为确保正确的事实认定的实体性、程序性规则"。

第三章

传闻与非传闻的区别

本章通过探讨书面材料或者审判外的发言不属于传闻证据，而是成为非传闻的各种案例，学习如何判断发言是否为传闻证据。

一、非陈述的信息

不是传达是否存在一定的事实的发言及书面材料，不属于《刑诉法》第320条第1款规定的"其他人的陈述"和"书面材料"，因而不是传闻证据。下面将举例说明。

（一）作为行为一部分的发言

号召、寒暄、感谢、谩骂等情绪化的意思表示的发言不是为了传达是否存在一定事实的发言，因此不是陈述。例如，A对B怒吼"你个混蛋"，是谩骂对方的行为，而不是陈述B是混蛋这一事实。

【例题1】桃园村公所建设课长X在村道铺装工程的投标中，因收受20万日元现金贿赂作为给予Y便利的好处费的受贿的诉因被提起公诉，但X否认指控的事实。同建设课的职员W作为控方证人，回答了主询问，并作了如下证言。"在这次铺装工程投标之前，我与X课长在村里的酒屋喝酒，这时Y走了进来。Y看见X，走向前来，说道：'这次非常感谢您！'并向X深深鞠了一躬"。辩护人表示："反对。这是传闻陈述。"法院应当如何判断？

【答】Y对X的发言是表达感谢行为的一部分，而不是讲述是否存在一定事实的陈述。W的证言不是传闻陈述，所以应当驳回辩护人的反对意见。

紧急情况下突然发出的叫声，也不是传达某事实是否存在的发言，所以可以看作人的行为的一部分。遭遇扒窃的被害人一边叫喊"小偷！小偷！"，一边追赶犯人的行为也是其中的一个例子。

【例题2】X将V殴打得昏迷不醒，致其脑挫伤而亡。X因故意伤害致人死亡的诉因被提起公诉。X主张自己是因为受到V的攻击才进行的反击，是正当防卫。控方证人W就目击情况描述如下："V先做了一个好像要殴打X的动作。X一边叫着'我要杀了你'，一边打了回去。"对此，辩护人表示："反对。证言中X发言的部分是传闻陈述。"检察官应当如何反驳？

【答】检察官应反驳说，X的发言是攻击行为的一部分，不是描述事实的陈述，因而不是传闻陈述。从X的发言中可以推测出当时X非常愤怒。这是一个有可能影响防卫意思的有无、防卫行为的适度性的事实。但是，将其看作"自己有杀人意图"的陈述并不现实。因此，由此直接推断出X对V存在杀人意图是不恰当的。

（二）指示、命令、委托的发言、书面材料

不向对方传达存在一定的事实的指示、命令、委托等的发言或者书面材料，不是陈述，所以不是传闻证据。从作为行为的发言的意思上来说，与上面的（一）相同。但两者不同的是，它主要以言语表达为主，不涉及身体动作。例如，被害人V作证说，抢劫犯中的一人对另一人说："龙，你从书房的桌子里找一下现金。"该嫌犯的发言是指挥行为，不是陈述。即使从发言中能够推断出嫌犯中的一人叫"龙"，这也不是传闻证据。

【例题3】X与Y共谋，Y冒充V的儿子给V打电话，欲告知虚假事实以骗取现金，但被V察觉而未能收到钱款。X因诈骗未遂的诉因被提起公诉。审判中，X声称自己没有参与Y的行为。检察官为了证明X与Y共谋的目的，申请调查在Y家中扣押的文书的证据。其内容可以理解为写有关于欺骗性对话等诈骗方法的手册。该方法与实际上对V实施的诈骗方法相同。此外，手册上还写有收钱人被抓后的辩解方法。根据鉴定书，从该文书中检测出了X的指纹。对于该文书的证据申请，辩护人表示了"不同意"的意见。该文书是传闻证据吗？

【答】说明犯罪方法的手册不是陈述书，因为它不是叙述某事实是否存在的文书，所以不是陈述书。因此是非传闻。在Y家里发现这本手册，且上面有X的指纹这一事实是推断X参与了该诈骗计划，即与Y共谋的间接证据。例题3是将平成27年司法考试真题简化后的例题。司法考试真题中有更详细的该文书与X相关的信息。

（三）作为意思表示的发言、书面材料

如果一份发言或者书面材料构成法律行为的意思表示，那么它并不是表示某事实存在与否的陈述，因此不能成为传闻证据。第一章例题2中为购买新干线的指定座席车票的发言也是其中的一个例子。合同书因是双方当事人的书面意思表示，所以不是旨在证明合同存在的陈述证据。当然，必须证明合同成立的真实性。民事诉讼法学中，一般将书证分为处分性书证和报道性书证。[①]这与非传闻和传闻的区别相对应。刑事诉讼中，作为意思表示手段的书面材料，即处分性书证，在证明法律行为存在的目的时也是非传闻。[②]商品上的价签、小吃店的菜单等也是表示合同条件的处分性书证，因此即使用于证明价格，也不属于传闻证据。

【例题4】检察官以X毁坏V所有的汽车的毁坏物品的诉因对X提起公诉。审判中检察官申请调查以V的名义向刑事警察提交的控告书的证据，目的是证明"被害人进行过控告"。这是传闻证据吗？

【答】只要是把被害人进行过控告作为待证事实，控告书就是处分性书证，所以是非传闻。因毁坏物品是亲告罪（《刑法》第261条、第264条），作为诉讼条件，检察官必须证明被害人进行了控告。控告是报告犯罪行为造成的损害并请求对被告人进行处罚的诉讼行为。控告书是该诉讼行为的手段，因此只要其表示存在控告，那么它就属于非传闻。实务中，有观点认为，诉讼条件的存在只需要自由证明就足矣，因此认可采用控告书作为证据。[③]但是，亲告罪中的控告是有罪判决的必要条件，所以应当进行严格的证明。即便如此，控告书仍是非传闻，因此具有证据能力。但是，在主张无行为能力等控告的无效原因时，检察官有必

[①] 伊藤眞『民事訴訟法〔第7版〕』（有斐閣、2020年）429頁。

[②] 因收据不是处分性书证，在这个讨论中不能说是非传闻。关于收据的问题见第九章例题2、第十章一（三）。

[③] 石井一正『刑事実務証拠法〔第5版〕』（判例タイムズ社、2011年）177頁。

要另行证明不存在无效原因。当然，如果从控告书推断存在控告内容中的被害，则是传闻证据。

在某些情况下，要分辨某一发言或者书面材料是否为陈述可能会有困难。即便如此，如果如下文所述，能够判定其在任何条件下都不得作为陈述证据使用，那么就能得出它是非传闻的结论。

二、非陈述证据的陈述

即使是审判外陈述，如果参照待证事实是非陈述证据，因其不是用于"代替审判期日所作的陈述"，所以不是传闻证据。它有以下几种类型。

（一）作为主要事实的发言、书面材料

当书面材料、发言构成犯罪行为时，其存在本身就是主要事实。即使这些内容表达了一定事实的存在与否，因不涉及作为陈述证据的推断，所以不是传闻证据。其典型的例子有损害名誉罪中揭露事实的杂志报道、或者公开场合揭露事实的发言。胁迫罪、敲诈勒索罪中威胁的文字、发言亦同。关于抢劫罪案例中胁迫言论在第一章例题7曾有探讨。同样的还有诈骗罪中作为欺骗行为的书面材料（第一章例题4）、发言（第二章例题6）、伪造文书罪中伪造的文书、伪证罪中的虚假陈述等。

【例题5】X想陷害V。于是，X向警察寄送了匿名信，信中写有V虐待其3岁的儿子S，经常致其受伤的虚假事实。经侦查，警方判明该信件是由X寄送的，且信件内容虚假。检察官以诬告罪（《刑法》第172条）的诉因对X提起公诉。检察官申请调查警察收到的信件证据。该信件是传闻证据吗？

【答】该信件是构成实施诬告罪行为的书面材料，因此不是陈述证据。该信件的待证事实不是如信中所写V虐待孩子，而是警察收到了写有该内容的书面材料。因此，该信件不是传闻证据。

（二）作为间接事实的发言、书面材料

表达是否存在一定事实的陈述其存在本身是间接事实，即成为间接证据的情形也是非传闻。

【例题6】X从曼谷回日本，在成田机场接受海关检查时，工作人员从其携带的行李箱中发现了装有1千克兴奋剂的糖罐。检察官以X以营利为目的进口兴奋剂的诉因对其提起公诉。X声称，这个糖罐是帮曼谷的客户Y保管的、带给其日本朋友的土特产，没有想到里面竟装有兴奋剂，否认自己有携带兴奋剂的主观故意。检察官申请调查X回日本时向海关提交的《携带品、分离运输行李申报单》①这一证据，以证明"被告人向海关申报了没有代为保管品"。该申报单的格式如图1、图2。按照该申报单的格式，"是否有由别人委托的携带物品"这一栏的"否"的选项处画有对勾，并有X的签名。这是传闻证据吗？

【答】该申报单是X的陈述书。但是，待证事实不是X没有代为保管品，（而是按照X的说法应该有代为保管品）却申报了没有代为保管品。X的这种行为会作为间接证据，削弱X的主张在庭审中的说服力。因此，这不是陈述证据，是非传闻。

从人的发言推断发言人的语言能力，或者从A、B之间的对话话题推断两人之间的人际关系，也都是非传闻。

---

① 其格式在很多网页上均有登载。

(A面)

日本海关
海关格式C第5360-D号

携带品 分离运输行李 申报单

请在下边及背面填写后，向海关职员提交。
如有同行家属，只需填写一张申报单。

航班号（船名）		出发地	
入境日期	年 月 日		
姓名	拼音		
日本的地址（逗留地）	电话 （ ）		
国籍		职业	
出生日期	年 月 日		
护照号码			

	满20周岁	满6周岁至未满20周岁	未满6周岁
同行家属	个人	个人	个人

※ 以下有关事项，请在 □ 中划“✓”。

1. 您是否有下述物品？（包含手提或寄放行李及分离运输行李等）	是	否
① 麻药、枪支、爆炸物等禁止携入日本的物品（参看B面的第1）	□	□
② 肉类产品、蔬菜、水果、动植物等限制携入日本的物品（参看B面的第2）	□	□
③ 金条、金制品	□	□
④ 超过免税范围（参看B面的第3）的购买品、土产品、礼品等	□	□
⑤ 商业货物、商业样品	□	□
⑥ 由别人委托的携带物品（包括旅行箱等搬运用具，以及未说明理由而交给您的物品）	□	□

*携带有①-⑥项下物品的，请在B面清单里详细填写入境时携带的物品。

2. 您是否有超过相当１００万日元的现钞、有价证券或超过1公斤的贵金属等？	是	否
	□	□

*选择「是」的旅客还需要填写「支付手段等输出·输入申报书」提交给海关。

3. 分离运输行李 入境携带物品以外，是否有邮寄物品等分离运输的物品（包括搬家物品）？

□ 是 （ 个） □ 否

*选择「是」的，请在B面的清单里填写入境时携带的物品，<u>向海关提交两张申报单，接受海关检查验证。</u>（限入境以后六个月以内的进口货）
<u>确认后的申报单在分离运输行李通关时需要。</u>

《注意事项》

例如在国外或出入日本时，于免税店购买的物品或受人委带的物品等要携带出入日本，及分离运输的物品依据法令规定都须向海关申报，有必要时须接受检查。<u>另外，有未申报或虚伪申报等非法行为时，可能会受处罚。敬请注意。</u>

我保证所有申报属实。
申报人签名

图1 《携带品 分离运输行李 申报单》(A面)

(B面)

※请把入境时携带的物品填入下面的表（A面的第1和第3的提问都选择「否」的旅客不需要填入。）

（注意）其他物品只限于申报的入境者本人（包括同伴家属）个人使用的购买物品等，总额不超过1万日元的物品（据境外市价）不需填入。
除此以外，分离运输的物品不需填入。

				*海关记入
酒　类			瓶	
烟　草	香烟		支	
	加热式		盒	
	雪茄		支	
	其他		克	
香　水			盎司	

其他物品的品名	数　量	价　格

*海关记入　　日元

1．禁止携入日本主要的物品

① 麻药、向精神药、大麻、鸦片、兴奋剂、摇头丸（MDMA）、指定的药物等
② 手枪等枪支、这些枪支的弹药及零件
③ 爆炸物、火药类、化学兵器的原材料及痫疽细菌等的病原体等
④ 货币、纸币、有价证券及信用卡等的伪造物品等
⑤ 黄色杂志·激光视盘等(DVD)、以及儿童色情物品等
⑥ 假冒名牌商品、盗版等侵害知识产权的物品

2．限制携入日本主要的物品

① 猎枪、气枪、以及日本刀等的刀剑类
② 根据华盛顿条约限制进口的动植物及其制品（鳄鱼、蛇、龟、象牙、麝香及仙人掌等）
③ 有必要事前检疫的动植物、肉类产品（包括香肠、牛肉干等）、蔬菜、水果及大米等
* 务必先接受动植物检疫。

3．免税范围（每人，乘务员除外）

· 酒类:3瓶（按:760ml折合）
· 香烟:200支（不分国内外制品）
　* 未满20周岁的人不适用酒类和烟草的免税范围。
· 境外市价的总额不超过20万日元的物品
（只限入境者自用的物品。）
　* 境外市价是在外国通常的零售价格（购买价格）。
　* 价格20万日元以上的单件物品，价格全部上税。
　* 未满6周岁的幼儿，除了玩具等幼儿本人使用的物品以外，不适用免税范围。

感谢您填写携带品·分离运输行李的申报单。根据法令，入境日本的所有的旅客都需要填写申报单并提交海关。感谢您继续配合海关的检查。

图2　《携带品　分离运输行李　申报单》(B面)

(三）能够推断陈述人精神异常的陈述

认真地讲述一个有理性的人绝不会信以为真的事实的行为，有时会成为推断陈述人精神异常的根据。此类发言也不是陈述证据，因而属于非传闻。

【例题7】X因于2023年5月杀害了自己母亲M的故意杀人的诉因被提起公诉。辩护人主张X患有严重的精神分裂症，被妄想所支配，属于精神失常。X单位的同事W在审判期日作为辩方证人，作了如下证言："2023年4月，X对我说：'最近，我妈妈整天向我发送电波，导致我头脑混乱，根本无法工作。我必须做点什么才行。'X看起来很严肃的样子，所以我很担心他是否正常。"这是传闻陈述吗？

【答】W所讲述的X发言的待证事实并不是M向X发送电波妨碍其工作，而是认真地说出这种不合常理事情的X有妄想症。由于这是非陈述证据，因此W的证言不属于被禁止的传闻陈述。

（四）能够推断陈述对接收人产生影响的陈述

如果一项陈述被用作推断其对听过或者读过该陈述的人造成影响的根据，那么它就不是陈述证据，因此不属于传闻证据。第一章例题5中，将他人的陈述作为被告人相信登载事实的理由而予以考虑，便是其中一个例子。

【例题8】X驾驶汽车撞上正在过人行横道的V（5岁），因过失驾驶致人死亡的诉因被提起公诉。诉因中过失的形式是X疏于注视前方。辩护人主张，X按照绿灯行驶，因V无视信号灯突然跑上马路才引发的事故，X没有预见的可能性，因此不存在过失。控方证人W1作了如下陈述："W2坐在X车的副驾驶座上，我坐在后排。在距离事故发生的人行横道50来米远时，W2喊道：'那孩子要跑过来，危险！'"

辩护人针对画线部分表示："反对。这是传闻陈述。"检察官应当如何反驳？此外，法院应当如何裁定？

【答】检察官应当反驳："该证言的待证事实是根据W2的发言，X有知道危险的可能，因此不是传闻陈述。"如果从W2的发言中推断当时V要跑上马路，则画线部分是传闻证据。因此，法院应当裁定该证言仅限于X听到W2的这一提示的待证事实方可作为证据。

【例题9】X殴打正在交往的女友V致使其受伤，因故意伤害的诉因被提起公诉。辩护人在认可诉因事实的基础上，就X的动机发表了如下主张。X收到朋友F发来的、详细写有V与其他男性T亲密交往的电子邮件。X就此向V追问。V否认与T交往。但X不相信V的说辞，情绪激动而动了手。辩护人申请调查打印出来的电子邮件的文书证据，以证明"被告人确有收到F的电子邮件及其内容"。检察官对此发表了"不同意"的意见。辩护人应当如何反驳？

【答】作为辩护人应当反驳："该电子邮件的待证事实并不是如F所写的，V同时在与T交往。待证事实是X在看了这封电子邮件后相信了F的话，对V产生怀疑，从而实施了暴力行为的过程。因此，该证据不是陈述证据，而是非传闻。"上述情形与证明犯罪情节相关的量刑事实具有关联性。

（五）能够推断陈述人认知的陈述

如果D陈述了可以根据其他证据证实的事实F，通常能够推断D当时知道事实F。如果D作出隐含事实F为前提的陈述时，情况亦然。这类为推断陈述人的认知而作为证据的陈述不是陈述证据，因此是非传闻。第一章例题12中出现的能够推断知道给出的是兴奋剂的发言也是这种应用情况。

【例题10】被告人X因在便利店使用伪造的1万日元纸币，被以使用假币的诉因提起公诉。X声称1万日元纸币是Y给付的报酬，自己没想到这是假钞，以此否认存在主观故意。控方证人W在审判期日作了如下证言："案发前不久，X跟我说：'我从Y那里拿到一张1万日元的假币。假币做的很逼真，所以拿去买东西应该不会被发现。'"这是传闻陈述吗？

【答】检察官希望从这份证言中推断出，说出此话的X一定知道那张1万日元纸币是假钞。由于X的发言不是陈述证据，因此W的证言不属于被禁止的传闻陈述。

为证明这样的陈述人认知的陈述成为非传闻，原则上需要以所述的事实F已由其他证据充分证明为前提。否则便会产生这样一种推论：因为D知道这件事，所以事实F必定存在，而有关证据实质上就变成了传闻证据。如果事实F实际上不存在，而待证事实是D误以为该事实存在，这亦属于非传闻。

然而，在某些情况下，即使没有其他证据证明事实F的全部，也可以从D能够说出事实F这一事实出发，推导出D应当有与事实F相关的某些经历。在这种情况下，区分传闻与非传闻则会成为很微妙的判断。

【例题11】一名7岁的女孩V告诉她的母亲M，称她曾被带到一个陌生男人家中并遭到了猥亵。当时，V描述了她被带去的房子的结构、房间布局以及室内陈设等。此后，X因对V实施了不同意猥亵的诉因被提起公诉。X否认指控的事实。M作为控方证人就V所说的内容进行作证。通过实地确认笔录等，能够确认X家中的状态与V告诉M的房屋状态相一致。辩护人对M的证言表示了异议，称这是传闻陈述。检察官反驳说："这份证言的待证事实是，V所描述的犯人的房屋的状态与被告人的房屋的状态相一致。据此，可以推断V曾去过被告人的房屋。因此，这不是传闻证据。"该反驳是否恰当？

【答】要使得该反驳成立，需要能够推断出V描述的犯人的房屋的样子与X的房屋的样子相一致并非纯属巧合。不能满足此条件时，如果不以V正确地描述了犯人家的状况这一期待为前提的话，该信息就没有意义，所以属于传闻证据。因此，检察官的反驳是否成立，取决于V所描述的犯人的房屋特征的程度。

例题11是基于美国威斯康辛州的判例Bridges v.State，19 N.W.2d 529（Wis.1945）的案例。该判例认为M关于V的陈述证言是非传闻。这是因为V描述的内容与被告人的房屋的状态高度相符，这被认为不可能是偶然的一致。但是，能否说该状态具有特殊的特征尚有探讨的余地。将案例稍加改变，如V是中学生，并且犯人家中有"平成3年度山梨县初中羽毛球大赛男子单打冠军后藤昭生"的奖状。如果V跟羽毛球和山梨县都没有关系，且有证据证明实际被告人家中确实有这样的奖状，那么这种一致性不可能是纯属偶然，因此V的审判外陈述可以视为能够展现V的认知的非陈述证据。该待证事实是V有机会知道X家中的状态。

从而进一步可以推断出V被带到过X的家中。

人们常常将能够推断出陈述人认知的陈述，与后文将要讲述的现在心理状态的陈述相混淆。但是，两者的不同之处在于，能够推断陈述人认知的陈述是非陈述证据，而现在心理状态的陈述是作为明确的陈述证据使用。

自白的可信性指标之一是"秘密的揭露"这一概念。最判昭57·1·28刑集36卷1号67页（杀害鹿儿岛夫妇案件）将秘密的揭露定义为"通过侦查，（根据自白的内容）侦查人员事先不知道的事项被确认为是客观事实"。例如，没有找到的尸体埋在山中如自白所指的位置。如果有像这样的秘密的揭露，就可以推断自白者之所以知道这个事实是因为他是真正的罪犯。这种自白是展现了陈述人认知的证据，因此不是陈述证据。有秘密的揭露会增加自白的可信性，因为该自白兼具陈述证据和非陈述证据的双重性质。

在此基础上进一步深入，有可以称为预言性秘密的揭露的案例。例如，假设发现了X笔迹的犯罪计划笔记与现实中发生的犯罪高度相符，可以推断出X预见到了犯罪，并且是犯人的间接证据。这也是非陈述证据。[1]

【例题12】X与Y共谋，于2023年5月8日上午11时左右，Y闯入V家，用绳子将V的手反绑在其身后并用胶带封住V的嘴，抢走现金。X因抢劫的共同正犯的诉因被提起公诉。X否认与Y共谋犯罪。检察官主张，案发当天上午9点，V在家中接到自称银行职员的电话，该人让V相信有必要提供个人信息后，询问了V

---

[1] 酒卷匡『刑事訴訟法〔第2版〕』（有斐閣、2020年）552頁。

的住址、出生年月日、丈夫去世独居的情况、家里有500万日元现金等信息。检察官申请调查在X家中扣押的USB存储器中存储的文书打印出来的笔记证据，以证明X与Y之间存在共谋。该笔记中写有V的姓名、正确的住址和出生年月日、丈夫去世后一人独居、家里有500万日元现金等信息。另外，笔记上还记载着"绳子、反绑、胶带"等词。已知道该文件的创建时间是2023年5月8日上午9时15分。该笔记是否属于传闻证据？

【答】这是将令和3年的司法考试真题的笔记2简化后的例题。从扣押的USB存储器的情况，可以推断X参与了该笔记的制作。该笔记准确记载了V家发生抢劫案件前给V家打电话的人获取的V的个人信息。从制作时间可以看出，X在案发当天上午9点多已经知道这些信息。可以推断出当天早上在给V家打电话的阶段开始，X便参与了本案。而且从笔记的内容可以看出，在Y实施犯罪行为前，X就将V和"绳子""反绑""胶带"联系在一起。因为后来确实出现了使用与笔记内容相符的犯罪方法的犯罪行为，所以这是一种预言性的秘密的揭露，可以推断出X参与了犯罪计划。这些推断过程都不是作为陈述证据使用，因此不是传闻证据。题目的目的除了用于证明陈述者的认知以外，还将该笔记视为犯罪计划笔记，认为可以理解为现在心理状态的陈述。但是，将这些碎片化信息罗列在一起的文书看作制作人讲述犯罪计划的陈述是不合理的。

此外，有学说认为，如果数名未经事先合意的陈述人，其陈述笔录的内容相一致的话，可以推断出该经历的共通性，这些陈述是非传闻。这是一种认为数名陈述人认识一致的事实是非陈述证据的观点。但是，在这种情况下，所有陈述都是传闻证据，除此之外没有客观性证据来证明陈述内容的真实性。如果他们都在法庭上陈述相同的经历，这些陈述的证明力确实会相互补强。但是，并不能据此就认为这些陈述不再是陈述证据。如果这些陈述是审判外作出的，则仍是传闻证据。[①]如果数个传闻证据相重叠则会成为非传闻的讨论与传闻证据的定义相背。

（六）作为辅助事实的审判外陈述

如果审判中陈述人曾就同一主题在审判外也进行了陈述，那么审判外陈述的存在本身就是作为审判陈述可信性的辅助事实。也因为它是作为非陈述证据使用的，所以不属于传闻证据。典型的例子是作为弹劾证据的自我矛盾陈述。一个人就同一主题作出明显矛盾的陈述时，那么其中一个肯定违背事实，所以会削弱陈述人的可信性。这种推论并不以期待审判外的陈述正确为前提，是非传闻的用法。关于这种审判外陈述的使用将在第十三章中进一步具体探讨。

三、现在心理状态的陈述

陈述人在陈述时描述其内心的陈述称为现在（或陈述时）心理（或精神）状态（then-existing state of mind）的陈述。涉及描述行动的计划、动机、意图、好恶情感和身体感觉（如疼痛）等陈述均属于此类。《联邦证据规则》第803条第（3）款将该类陈

[①] 作为非传闻说的裁判例，有文献引用仙台高判昭36·8·8刑集17卷7号1185页（松川案件发回重审的控诉审）。但是，该判决因指出了陈述笔录内容一致是作为被告人和证人的审判陈述可信性的根据，所以应当作为适用《刑诉法》第328条的案例。

述视为传闻例外而不需要具备陈述人在审判时陈述不能的要件。其理由是这类陈述中不涉及对外界的认知和记忆过程，所以错误风险较小，而且在与内心状态这一待证事实的关系中，其作为最直接的证据非常有用。

日本法中没有相应的传闻例外规定。因此，多数的学说认为这属于非传闻。按照本书所采用的定义，非传闻应当理解为，虽然在定义上符合传闻证据，但无须适用禁止传闻证据规则而成为适用对象外的证据。但是，很多学说认为，这种情况下可以将陈述的真实性作为具有证据能力的条件。

【例题13】X因于2023年10月31日夜晚在JR涩谷车站附近的道路上对V实施抢劫的诉因被提起公诉，但其否认指控的事实。V在庭审中作证称："抢劫犯当时戴着老虎面具。"控方证人W作了以下证言："10月30日晚上我和X打电话的时候，X说：'明天万圣节，我要戴着老虎面具去涩谷。'"这是传闻证据吗？

【答】W的证言中X的发言是属于对其当时内心计划的陈述，是现在心理状态的陈述。如果按照多数派学说，除非在某些情况下该陈述看起来像是在开玩笑，否则该陈述便是非传闻。在这种情况下，除非接受X可能按计划行事的推论，否则采用心理状态陈述的非传闻论就没有意义。

然而，现在心理状态的陈述也有作为陈述证据的风险。特别是关于计划的陈述，存在陈述人是否按照计划行动的问题。将其一律视为非传闻以要求其证据能力，等同于创设不依据明文规定的传闻例外。传闻例外是有限列举的，因此这种解释是不合理的。虽然现在心理状态的陈述确实因其存在错误的风险小而容易符合《刑诉法》第321条第1款第3项或者第322条第1款的传闻例外的要件，但一律视为非传闻也会超出解释论的范围。[①]

尽管如此，目前多数派学说将其视为非传闻，因此要确认在应用该理论时需要注意的事项。第一，现在心理状态的陈述论作为解释论的基础薄弱，应当避免滥用。不应轻易依赖该理论，而应该先探讨将其用作非陈述证据或者通过适用传闻例外规定而采用的可能性。第二，"现在"是指作出原陈述的时间。描述过去心理状态的陈述因要依托记忆，所以不属于现在心理状态的陈述。此外，审判中进行再现原陈述的陈述时不是"现在"。第三，即使看上去是在描述现在的感受，但当描述感受背后的体验成为待证事实时，也属于体验陈述，而不是心理状态的陈述。例如，V陈述："昨晚，X打了我的肚子，到现在还疼。"在争议点为V是否受到了X的暴行时，这句话就不是心理状态的陈述。

【例题14】X因不同意性交致V死亡的诉因被提起公诉，且否认自己是犯人。控方证人W在庭审中作证："在案件发生前不久，我与V交谈时，V说：'X总是跟着我纠缠我，非常讨厌。'"根据现在心理状态的陈述非传闻说，该证言是非传闻吗？

【答】V的发言讲述了对X的厌恶。但是，在X是否是对V实施不同意性交的行为人的争议焦点上，待证事实是X曾纠缠V。这是推断X有犯罪动机的间接证据。由于这是V对过去经历的陈述，因此不能按照心理状态的陈述论将其视为非传闻。

例题14是基于最判昭30·12·9刑集9卷13号2699页（"对

---

① 关于现在心理状态的陈述作为传闻证据的学说，参见堀江慎司「『心理状態の供述』について」『鈴木茂嗣先生古稀祝賀論文集下巻』（成文堂、2007年）451頁以下。

那人有好感"案件）①的案例。最高法院没有提到心理状态的陈述论，便将W的证言作为传闻证据。但如果是对于不同意性交的诉因被告人主张是经同意的性交的案件，则被害人在案发前表示厌恶被告人的发言可能具有作为心理状态的陈述的意义。

【例题15】X因一怒之下杀害了拒绝与之结婚的交往对象V的杀人的诉因被提起公诉。X否认实施了犯罪行为。辩方证人W在审判期日作证："在V被杀的一周前，我们见面交流过。当时V对我说：'我想跟X结婚，我在等他向我求婚。'"对此，检察官表示："有异议。此证言是传闻陈述。"W证言中出现的V的发言是现在心理状态的陈述吗？

【答】如果V确实有想要与X结婚的想法，那么检察官主张的杀人动机则无法成立。这个案例中，待证事实不是V过去的经历，而是V有过想要与X结婚的想法。因此，对于V来说是现在心理状态的陈述。

四、共谋过程中的发言、笔记的运用

有观点认为，将共谋过程中的发言视为发言人讲述计划的陈述，根据现在心理状态的陈述论，而作为非传闻。但是，唆使他人犯罪或者对其进行回应而商谈犯罪的发言不需要视为事实存在与否的陈述。因为这种言论是谋划实施犯罪的行为。

【例题16】X与Y共谋杀害了V，被以故意杀人的共同正犯的

---

① 该判决在说明传闻性时指出证人W与V正在交往，曾被怀疑是犯人，因此应当慎重调查"上述陈述"的可信性。但是，W证言的可信性不是传闻陈述特有的问题，因此说明逻辑混乱。适用《刑诉法》第321条第1款第3项的规定重要的是在男女朋友的关系中V对W说对X的情况下，特别要评价是否应相信该陈述。

诉因提起公诉，且否认实施了犯罪行为。根据检察官出示的预定证明事实，Y是实行行为人，X是共谋的共同正犯。在审判期日控方证人Z作了如下证言："2023年6月15日，我在X家相聚时，X对Y说：'V已经可以杀掉了。我们一起干吧。'"这是传闻证据吗？

【答】Z证言中X的发言是谋划杀害V，不是传达事实存在与否的陈述，因此属于非传闻。

例题16是将最判昭38·10·17刑集17卷10号1795页（白鸟案件上告审）案例进行了更易理解处理的例题。但判例案件中成为问题的相似发言并不是被视为共犯之间的发言。[1]或许正是受此影响，也有人认为该判例采用的非传闻说可以用心理状态的陈述论来解释。但是，该判例的"X进行了上述内容的发言本身作为待证事实"这一说法，应该理解为X的发言是非陈述证据，这样理解更为自然。判例应将这种发言视为在同伴中提高犯意的行为。像例题这样将成立共谋的发言视为合谋行为的待证事实的方法，与最大判昭33·5·28刑集12卷8号1718页（练马案件）的判例相对应，该判例认为共谋共同正犯的成立需要参与一定的合谋。如果按照近年来的主流理解，共谋共同正犯的认定，需要其在合谋中发挥主导作用或者通过其他行为提供了相当于实行行为的重要的因果性贡献。在这种情况下，则被告人的合谋行为是成为应定罪事实的主要事实。因此，合谋的部分发言可以作为上面的一（一）或者二（一）的非传闻类型的例子来理解。即使是不将共谋行为视为主要事实，至少也可以将其视为间接事实。从这种行为中也可以推断X有杀害V的计划。

---

[1] 濱田毅「非伝聞の許容性と『要証事実』」同志社法学72卷7号（2021年）348页。

这种现在心理状态的陈述论认为，在形成共谋过程中的发言是陈述证据，这种理论与主观共谋说相联系，即如果数人之间存在意思联络，其中部分人实施了犯罪，则将全员视为共同正犯。[1]但是，这样的共谋共同正犯的理解本身就不妥当。[2]

关于写有犯罪计划的笔记，比较权威的学说也是主张作为现在心理状态的陈述，是非传闻。东京高判昭58·1·27判时1097号146页（犯罪计划笔记案件）亦作该理解。但是，在依赖心理状态的陈述论之前，应先探讨作为非陈述证据使用的可能性。[3]犯罪计划笔记作为预言性秘密的揭露，也有可能成为非陈述证据，这一观点在上面的二（五）中已经讨论。除此之外，笔记的存在也可能作为合谋行为的痕迹而成为非陈述证据。

【例题17】X因与Y共谋抢劫A银行B支行的诉因被提起公诉。根据检察官的开庭陈述，实行行为人是Y，X在合谋中起主导作用。X否认共谋。检察官为了证明共谋，申请调查Y被拘留时从他携带的包中扣押的笔记证据。证明内容是"Y持有的笔记的存在及其内容"。笔记中有一张在稿纸上手绘的地图，上面画有A银行B支行与P公园。P公园的南门标有"✖"，并写有"X在车内等待"。有罪判决已经生效的Y作为控方证人在出示该笔记后，作了如下证言："这份笔记是案发前在X家商量抢劫银行时制作

---

[1] 关于这种对应关系，参见堀江慎司「伝聞証拠の意義」『刑事訴訟法の争点』（有斐閣、2013年）168-169頁。

[2] 详见後藤昭「訴因の記載方法からみた共謀共同正犯論」『村井敏邦先生古稀祝賀論文集人権の刑事法学』（日本評論社、2011年）453頁以下。

[3] 堀江慎司「伝聞証拠の意義——犯行計画メモの証拠能力」刑事法ジャーナル31号（2012年）40-41頁。

的。X画了一张地图和一个×后，说：'我在这里的车上等你。'于是我在那里写上'X在车内等待'。"此外，在X家中发现并扣押了与该稿纸同样式并有相同内容的笔压痕的一沓稿纸。该笔记是传闻证据吗？

【答】从该笔记的内容、形状和从X家中发现的一沓稿纸及Y的证言，可以将该笔记看作X与Y为了实施诉因中的抢劫银行的合谋而采取的方法的物品。其存在是如Y证言所说的合谋在X与Y之间进行的痕迹，是非陈述证据。因此是非传闻证据。

例题17是将平成18年司法考试真题简化后的例题。在这种笔记制作过程具体明确的事例中，应先考虑作为非陈述证据使用，而不是依赖心理状态的陈述论。然后，从合谋存在的事实出发，也能够推断X与Y的意思沟通。在此基础上，如果采用现在心理状态的陈述非传闻说，该笔记也可以解释为记录内心计划的陈述。在这种情况下，从制作经过可以看出该笔记是X与Y共同制作的，因此也可以看作两个人心理状态的陈述。与此相对，如果合谋的内容是由之后一名参加人回想后写下的笔记，那么根据心理状态的陈述论能够采用的仅限于推断制作人的内心计划。如果试图推断其他参加合谋的人的内心，则只能成为传闻证据。

五、非传闻的三个阶段

如上所述，书面材料或者审判外的发言被视为非传闻的情况有以下三个层次的类型：①不是陈述；②虽然是陈述，但不是陈述证据；③虽然是陈述证据，但是，由于政策性原因被排除在禁止传闻证据规则的对象以外。根据多数派学说，现在心理状态的陈述属于第三类的非传闻。

法庭中，对于书面材料或者陈述，对方表示"不同意"或者"这是传闻陈述，反对！"时，通常会反驳道："书面材料（或者发言）的存在本身是举证的目的，所以不是传闻证据。"这是非常简便的反驳，可以记住。

但是，这并不是充分的反驳。即使将书面材料或者审判外陈述作为传闻证据使用时，首先也必须是将证明书面材料或者陈述本身存在作为出发点。因此，在该阶段中无法区分传闻和非传闻。区分传闻和非传闻是通过假设存在书面材料或者陈述，再进行某种推断。然后依据有无作为陈述证据的推论，才能区分传闻和非传闻。因此，对于上述反驳，对方应当进一步反问："如果有书面材料（或者发言），可以从中知道什么？"

【例题18】X因对V伤害致死的诉因被提起公诉。在量刑事实的证明阶段，检察官申请调查被害人亲属收集的请求严惩被告人的多份请愿书证据。其证明内容是"被害人亲属自愿提交了2300封请愿书"。证人也作证说确实有收集了请求严惩被告人的请愿书一事。对于该请愿书的证据申请，辩护人提出异议，认为这是传闻证据。法院可以将其作为非传闻证据采用吗？

【答】例题18是以东京高判平16·12·1判时1920号154页（严惩请愿书案件）的判例为基础。高等法院认为："着眼于请愿书的存在本身的上述证明内容，与其真伪没有直接关系，因此即使本案中采用请愿书作为证据进行调查，也不能说直接违反传闻证据规则。"从而驳回了诉讼程序违法的控诉意见。

但是，即使有大量请求严惩被告人的请愿书，如果请愿人不是在理解了案件内容并认真地判断情况后进行签名的话，一般情况下也不应当认为其具有重要性。因此，不得不认为该请愿书是传闻证据。由于请愿书的真实性存在问题，即使在现在心理状态的陈述论中也无法采用。但是，这样的非定型的一般情节，可以认为只需要自由证明即足矣。[①]法院不应当依照非传闻说，而应当依照自由证明论。对于宽大处理请愿书的运用亦同。

常见的误解还有，如果仅以书面材料的"存在"为证明目的，那么它就是非传闻，而如果以"存在及其内容"为证明目的，那么它就是传闻证据。即使要将书面材料的存在作为待证事实，如果不了解该材料存在什么样的内容，也无法作出有用的推断。因此，上述证明目的表述上的差异并没有本质上的意义。区分传闻和非传闻要参照待证事实，看其书面材料的内容是否作为陈述证据使用。

【例题19】X因带走幼女V并将其杀害的杀人的诉因被提起公诉，且否认指控的事实。在审判前整理程序中，检察官申请调查在2023年2月20日侦查阶段X向检察官所作的供述笔录中的自白内容的证据。辩护人对此发表意见："不同意。任意性存在争议。"检察官进一步申请调查X在逮捕期间从看守所寄给自己母亲M信件的证据，该信件的落款日期为2023年2月22日，并写有"我犯了事，给您添麻烦了，对不起"。其证明内容是"被告人给母亲的信件的存在"。这封信是传闻证据吗？

【答】要将该信件作为认定有罪的依据，就需要推断出X犯下了如信中所写的"案件"，而这一案件是指杀害了V。信件只能是看作自白或者承认不利事实的证据。它是陈述代用文书，是传

[①] 详见後藤昭「厳格な証明と自由な証明」『実務体系現代の刑事弁護2刑事弁護の現代的課題』（第一法規、2013年）259—263頁。

闻证据。这个例题的灵感来自今市案件。该案件的一审法院采用了被告人的信件作为甲号证据。这意味着它被视为非陈述证据。[1] 二审法院判决认为，该信件是认定被告人就是犯人的重要间接事实。[2]但是，其实质上是作为自白的证据而使用的。[3]

---

[1] 一般司法实务中，被告人的陈述代用文书是申请作为乙号证据（第九章一）。
[2] 東京高判平30・8・3判時2389号3頁。
[3] 門野博「今市事件控訴審判決へのいくつかの疑問」判時2389号（2018年）123頁、福崎伸一郎「今市事件控訴審判決——自白をもって自白を補強することについて」判時2400号（2019年）127頁参照。

第四章
传闻例外的体系

一、在思考传闻例外之前

从本章开始,将进入对传闻例外的讲解。在此之前,需要先明确以下两点内容。

(一)传闻例外与非传闻的区别

传闻例外,是指根据《刑诉法》第320条第1款的规定本应否定证据能力的资料,因符合第321条及后续条款的例外规定,再次被赋予证据能力的资料。传闻例外不能与非传闻相混同。非传闻,是指原本就不属于第320条第1款规定的证据能力被否定的对象的证据。

(二)传闻禁止的概括性例外

在简易程序中,禁止传闻证据规则的适用被全面排除。《刑诉法》第320条第2款主文规定,就第291条之2的决定,即决定适用简易审判程序审理的案件的证据"不适用前款的规定"。这意味着简易审判程序中没有禁止传闻证据规则。但是,同款但书规定,当事人"就证据提出异议的，不受此限"。也就是说，即使在简易审判程序中，当事人对采用特定的传闻证据提出异议时，只限于对该证据恢复适用第320条第1款的限制。其结果是该传闻证据如果不能符合哪个传闻例外就无法被采用。第350条之27规定，决定适用即决审判程序审理的案件就第320条第1款的适用，与简易审判程序完全相同。

在这些简易的审判程序中，原本就不适用禁止传闻证据规则。因此，当辩护人对检察官申请采用的传闻证据没有异议时，正确的表述是"我对该证据的采用没有异议"，而不是根据《刑诉法》第326条表示"同意"。当事人对多数证据或者最重要的证据提出异议就说明对事实存在重大争议，则不宜采用简易审判程序或者即决审判程序进行案件审理。

【例题1】X因涉嫌伤害V而成为犯罪嫌疑人。X向检察官提交了同意适用即决审判程序的书面材料。检察官对X提起了公诉，并申请法院适用即决审判程序。辩护人L会见了X，X称："我确实殴打了V并致使其受伤，我认罪，希望能被判处缓刑。但是，V好像向检察官说我是一个'经常酗酒、不务正业的家伙'。这完全是谎话。我不希望向法院透露这部分内容。"辩护人L查看了开示证据，发现甲1号证据中有V对检察官所作的陈述笔录。其中第1项到第4项的内容是陈述其受到X暴力行为所造成的伤害，最后第5项的内容是指责X平时不工作只是喝酒。对于检察官在庭审中的证据申请，L应发表什么意见？

【答】辩护人L应发表以下意见："我方对于采用甲1号证据以外的其他证据没有异议。对采用甲1号证据有异议，但是同意采用其中的第1项至第4项。"对此，检察官一般会撤回V检面笔录中第5项的申请。

此外，在简略的略式程序（《刑诉法》第461条及以下条款）中，没有审判期日的开庭审理。因此，原本就欠缺适用禁止传闻证据规则的前提。

二、传闻例外的体系

（一）传闻例外的基本条件

禁止传闻证据规则禁止使用审判外的陈述，以避免错误判断陈述证据的证明力。然而，即使是传闻证据，如果分别地看，较之危险性，可能事实认定的有用性更胜一筹。如果一律禁止，反而难以正确地认定事实。因此，将其单个地拿出来判断，使其恢复证据能力的就是传闻例外。

为了认定这种传闻例外，首先，就某一待证事实，因没有该传闻证据以外的证据可以使用，需要使用该证据进行认定事实的情形，也就是必要性要件。此外，为了使该传闻证据即使未经法庭交叉询问也不会导致错误的事实认定，需要参照作出该审判外陈述的情况能够期待其是正确的陈述的情形。这被称为可信性的情况性保障。被称为"情况性"保障的理由是因为不是单个地评价陈述内容的可信性，而是着眼于陈述发生的场景是否为可以期待类型化的正确陈述场景。如果单个评价陈述内容的可信性，则会发生逆转现象：在判断证据能力之前，先进行证明力的评价后，再回溯决定证据能力。

许多规定传闻例外的条文分别根据每个审判外陈述的性质，规定了具体的必要性和可信性的情况性保障的要件。

（二）传闻例外的法条构成

《刑诉法》第321条至第327条有限列举了传闻例外的情况。从第320条第1款的措辞以及后续条文的排列来看，第328条似乎也是传闻例外之一。然而，正如第十三章中所确认的，第328条是一项确认非传闻的规定，而不是创设传闻例外的规定。

第321条规定了"被告人以外的人"的陈述代用文书作为传闻例外的要件；第322条规定了被告人的陈述代用文书作为传闻例外的要件。在证据法的表述中，"被告人"是指通过该证据来判断自身有无罪责的人。[①] Y的陈述用于认定X的罪责时，属于"被告人以外的人"的陈述。即使Y是X的共犯，或者被列为共同被告人，在这里也是"被告人以外的人"。

【例题2】X与Y因共谋敲诈勒索V100万日元的诉因被提起公诉，且被合并审理。在讯问被告人时，两人均否认曾实施敲诈勒索。对于检察官申请调查Y在侦查阶段向检察官所作的陈述笔录的证据，X的辩护人和Y的辩护人均发表了"不同意"的意见。如果该陈述笔录属于传闻例外，其法条依据是什么？

【答】若采用该笔录作为针对X的证据，因其是被告人以外的人的陈述代用文书，所以依据的法条是《刑诉法》第321条第1款第2项。[②] 采用该笔录作为针对Y的证据时，因其是被告人自身的陈述代用文书，所以依据的法条是第322条第1款。

[①]《刑诉法》第319条第1款的自白规则亦同。自白，是指被告人承认被起诉的犯罪事实的陈述。因此，使用X的陈述认定X的罪责的是自白。

[②] 最判昭28·6·19刑集7卷6号1342頁对此进行了确认。

第321条和第322条之间的第321条之2和第321条之3都是准许在一定的条件下，将陈述录像作为证据替代庭审中对证人主询问的传闻例外。这两个法条在传闻例外体系中属于第321条第1款的特别规定。

其后的第323条规定了业务上固定格式的文书的传闻例外。第324条规定了非陈述代用文书的传闻陈述的传闻例外要件。

第325条规定："即使是依据从第321条至前条的规定能够作为证据的书面材料或者陈述，法院也必须预先调查该书面材料记载的陈述或者成为审判准备或审判期日的陈述内容的他人的陈述是否是任意作出，否则不能将其作为证据。"通常认为该法条规定了评价证据的条件，而不是规定调查所采用的证据的条件。[1] 毕竟很难想象会有非自愿陈述属于第321条至第324条规定的传闻例外的情况。因此，该法条作为一项传闻例外规定，并不是很重要。

第326条规定了根据当事人的同意采用传闻证据的可能性。第327条规定了在双方当事人就陈述内容达成一致的情况下采用陈述代用文书的可能性。这两个法条都是基于当事人的意思而产生的传闻例外。

传闻例外是有限列举。由于传闻例外本就是原则的例外情形，因此法律应当对其条件进行限定。与《美国联邦证据规则》中有传闻例外的概括性兜底条款（第807条）不同，日本法中没有与之相对应的一般条款。第321条第1款主文中的"仅限于下列情形才可以作为证据"的表述也说明是有限列举。

---

[1] 最决昭54·10·16刑集33卷6号633页。

但是，判例在一些情形下作出了类推或者扩张性解释。对此，下面将按顺序进行讲解。

(三)《刑诉法》第321条的构成

上述传闻例外的规定中，涉及范围最广的是《刑诉法》第321条，该条规定了被告人以外的人的陈述代用文书的例外要件。下面将逐一确认该法条的内部构成。

首先，该条第1款规定了被告人以外的人的陈述代用文书作为一般对象，与之相对，第2款、第3款、第4款对被告人以外的人的陈述代用文书作为特殊对象进行了特别规定。

该条第1款第3项是关于被告人以外的人的陈述代用文书的一般规定，是传闻例外最基本的规定。第1款第1项是关于在法官面前的陈述记录书的特别规定，第1款第2项是关于向检察官作出的陈述记录书的特别规定。

第2款是关于被告人以外的人在审判准备或者审判期日的陈述记录、以及记录法官或者法院勘验结果的书面材料的特别规定。第3款是关于侦查机关勘验记录的特别规定，第4款是关于鉴定书的特别规定。

三、《刑诉法》第321条第1款的传闻例外

下面将具体分析该条第1款中传闻例外的规定。但是，关于该条第1款第2项的书面材料存在很多问题，因此该条第1款第2项特有的要件将在下一章中再作讲解。首先明确各项中共同要件的含义，再分别明确该条第1款第1项和第3项特有的要件。

（一）原陈述人的签名、盖章

首先，该条第1款主文规定："被告人以外的人制作的陈述书或者记录了此人陈述的书面材料中有陈述人的签名或盖章的，仅限于下列情形才可以作为证据。"关于陈述书与陈述记录书的区别已经在第二章中作了讲解。典型的陈述记录书是侦查人员制作的陈述笔录。主文通过第1款全文规定了陈述记录书要满足有原陈述人的签名或者盖章这一条件，才能成为传闻例外。陈述记录书因原陈述经过了听取和记录的过程本应作为再传闻证据，在作为单纯的传闻证据时，原陈述人的签名、盖章是法定条件。正如《刑诉法》第198条第5款、第223条第2款的规定，此处的原陈述人的签名、盖章并不意味着对其陈述内容的真实性作出保证，而是意味着认可该陈述记录的准确性。[①]不认可通过原陈述人的签名或者盖章以外的其他证据来确认陈述记录的准确性，并将其作为传闻例外采用。与之相反，陈述书不需要签名、盖章这一形式要求。如果对陈述书的成立有异议，以某种方式证明即可。录音、录像的陈述作为陈述证据使用时，陈述因是通过机械记录的，所以不是再传闻。因此，不需要原陈述人的签名、盖章。[②]另外，如后文将要讲解的，关于本款第1项的陈述记录书，其签名、盖章要件有特别的运用。

【例题3】X因伤害V的诉因被提起公诉，但X否认指控的事实。此后V因病死亡。检察官申请调查V所写的陈述书、其中讲

[①] 但是，在现实中当然有即使有原陈述人的签名、盖章，也记录不准确的案例。
[②] 大阪高判平17·6·28判夕1192号186页（毒咖喱案件）。

述了自己受到X的暴行而受伤的内容。对此，辩护人发表了"不同意"的意见，并指出该陈述书既没有V的签名也没有盖章。法院如果将该文书作为《刑诉法》第321条第1款第3项中规定的传闻例外来采用，需要V的签名或者盖章吗？

【答】该文书是V的陈述书，因此如果能通过某项证据证实其的确是V所写的就能够成立，即使没有签名、盖章也不妨碍其被采纳为证据。最决昭29·11·25刑集8卷11号1888页（没有签名的被害陈述书案件）也对此进行了确认。

【例题4】X因与Y共谋，骗取V现金100万日元的诈骗诉因被提起公诉，但X否认指控的事实。Y下落不明。检察官申请调查Y对刑事警察所作的陈述笔录中承认诉因事实内容的证据。对此，辩护人发表了"不同意"的意见，并指出该笔录中既没有Y的签名也没有盖章。检察官主张，因有制作该笔录时讯问状况的录音和录像记录可以证明录入的准确性，所以应当依照《刑诉法》第321条第1款第3项的规定采用该笔录作为证据。法院可以通过讯问录音录像记录认定记录的准确性而采用笔录吗？

【答】不能认可该证明。笔录中没有Y的签名、盖章意味着原陈述人Y没有认可记录的准确性。原陈述人的签名、盖章是推定记录准确性的法定条件，因此，不能通过其他证据来认定陈述笔录记录的准确性。①

---

① 但是，最近的司法实务中有部分观点认为，即使陈述笔录中没有原陈述人的签名、盖章，从调查的录音录像记录中也可以认定录入的准确性。

（二）陈述不能

《刑诉法》第321条第1款第1项至第3项的传闻例外均包含"该陈述人因死亡、精神或身体的障碍、下落不明或在国外，不能在审判准备或审判期日进行陈述"的要件。这被称为陈述不能要件。也即，由于无法获得原陈述人在法庭上所作的陈述，因而需要使用传闻证据的要件。

原陈述人在国外的事实之所以属于陈述不能的情形之一，是因为日本的裁判权不适用于国外。也就是说，即使法院决定对其进行证人询问，也没有强制其到庭的手段。因此，如果本人有可能自愿来日本或者回日本作证，则不是陈述不能。[①]一般而言，为了认定陈述不能从而采用传闻例外，必须存在申请证据的当事人及法院已经尽力争取获得原陈述人的审判陈述但未能实现的情形。[②]

【例题5】检察官以X对V实施抢劫的诉因对X提起公诉。X主张自己不是罪犯。检察官申请调查V在检察官面前的陈述笔录，辩护人对此发表了"不同意"的意见。检察官欲以V目前在韩国留学且计划留学两年为由，根据《刑诉法》第321条第1款第2项前段申请采用该证据。在此之前，检察官应该做些什么？

【答】检察官首先应尝试联系V，让其回日本作证。如果不成功，应申请适用第2项前段的规定。

[①] 证人根据《刑诉法》第164条第1款可以请求的旅费中也包括从海外回来的国际旅费。

[②] 关于第2项前段参见東京高判昭48·4·26高刑集26卷2号214页、広島高岡山支判平27·3·18高刑速（平27）号267页、LEX/DB25447261。

即使在某个时间点不能获得审判陈述，但若待到合适的时机，也有希望可以获得审判陈述。例如，从疾病中恢复过来、从国外回国等。在这种情况下，不能简单地认定其是否符合陈述不能的要件。应当在衡量保障交叉询问机会的利益与实现快速审判的利益的基础上考虑是否采用传闻例外。

【例题6】例题5的案例中，第一次开庭时间被指定为2024年6月5日。检察官询问V临时回日本的时间，V回复称9月中旬可以临时回日本。在这种情况下，法院应认定V属于陈述不能吗？

【答】在这种情况下，需要对实现快速审判的要求与被告人交叉询问权的保障进行比较衡量。该案件是涉及抢劫的重大案件，且被告人否认全部案件事实。V可能是证明X有罪的最重要的证人。如果从第一次开庭之日到V能够出庭作证需要3个月左右的时间，在此期间先行调查其他的证据，应该不会导致大幅拖延诉讼。在这种情况下，法院应当优先保障X的交叉询问权，不应当认定V为陈述不能。

法条列举了死亡、精神或身体的障碍等陈述不能的原因。判例认为，该列举是例示性的，也认可其他原因造成的陈述不能。典型的例子是拒绝陈述。有些判例认为不只限于证人援引刑诉法上的拒绝作证权而拒绝作证的情形[1]，未援引拒绝作证权但实际上拒绝作证[2]，以及作为共同被告人保持沉默[3]的情况也适用陈述不

---

[1] 最大判昭27·4·9刑集6卷4号584页认可了根据《刑诉法》第147条拒绝作证的理由而适用了第2项前段。

[2] 東京高判昭63·11·10判时1324号144页。

[3] 札幌高判昭25·7·10高刑集3卷2号303页。

能。证人由于失去记忆而无法作证的情形也属于陈述不能。[1]但是，即使证人暂时拒绝作证，但若在合理的期间内有可能作证，就不能算是陈述不能。[2]在一些判例中，当性犯罪的被害人在法庭上放声大哭而无法获取其陈述时，[3]或者强制其出庭作证可能会导致其精神严重不稳定时，[4]会被认定为陈述不能。在这些情况下，必须在探索陪同证人（《刑诉法》第157条之4）、遮挡证人（《刑诉法》第157条之5）以及视频方式询问（《刑诉法》第157条之6）等可能性之后，才能认定为陈述不能。

陈述不能要件的存在是诉讼法上的事实，并且与审判外陈述的证明力无关，因此可以通过自由证明来进行认定。[5]

（三）《刑诉法》第321条第1款第1项的传闻例外

《刑诉法》第321条第1款第1项规定了关于被告人以外的人在法官面前的陈述记录的传闻例外要件。必要性要件是原陈述人陈述不能（前段）、或者"陈述人在审判准备或审判期日作出了与之前的陈述不同的陈述时"（后段）。以同一人作出不同陈述为由而认定其为传闻例外，是为了通过比较两份陈述从而判断其证明力。但是，第1项后段的要件比第2项后段的"实质上不同"含义更广。因此，即使只是前一份陈述比审判陈述更加详细，也符合

---

[1] 最決昭29・7・29刑集8卷7号1217頁。
[2] 東京高判平22・5・27高刑集63卷1号8頁、東京高判平30・3・30東高刑時報69卷1～12号36頁、LEX/DB25562103。
[3] 札幌高判函館支判昭26・7・30高刑集4卷7号936頁。
[4] 東京高判平20・8・20東高刑時報59卷1～12号74頁。
[5] 大阪高判令2・8・20高刑速（令2）号408頁、LEX/DB25591645。

该要件。根据该条的措辞，在法官面前所作的、不同于审判陈述的陈述必须是在审判陈述之前作出的。这一限制使得对前一份陈述（虽然不是同时的）进行事后交叉询问成为可能。事实认定者将在权衡这一结果的基础上，判断审判陈述与前一份陈述哪个更可信。

不论是第1项前段还是后段法条都没有规定可信性的情况性保障要件。典型的法官面前的陈述通常是在证人询问程序中宣誓后作出。讯问被告人等其他的场合也是在对立当事人通过交叉询问等可以争论陈述的可信性时进行陈述。这种陈述采集过程的公正性是可信性的情况性保障。从保障可信性的角度出发，也有观点认为第1项的书面材料仅限于经过宣誓的证言记录。[①]但是，判例没有作出这样的限制。

符合第1项的书面材料包括下列内容：①根据《刑诉法》第226条、第227条，第一次审判期日前作为检察官申请的证人询问结果的证言记录；②根据《刑诉法》第179条，作为申请证据保全结果的证言记录；③其他案件庭审中的陈述记录。从措辞上看，被告人以外的人的逮捕讯问中的陈述记录也似乎符合第1项。但是，逮捕讯问当然不涉及宣誓，也不能对陈述进行交叉询问性质的斟酌，因此，不应包含在法官面前的陈述中。

正如后文所讲解的，同一被告案件庭审中的陈述记录是本法条第2款的传闻例外，不包含在第1款第1项中（本章四）。

【例题7】X因与Y共谋，敲诈勒索V交出100万日元的诉因被提起公诉。审判期日X在接受被告人讯问时承认了被指控的事

[①] 平野龍一『刑事訴訟法』（有斐閣、1958年）208頁。

实。X的有罪判决确定后，Y因对V实施的同一起敲诈勒索案被提起公诉。X作为证人作证称，敲诈勒索V是自己一人所为，与Y没有关系。检察官申请调查X案中X接受被告人讯问时的陈述记录，辩护人对此发表了"不同意"的意见。该记录是传闻例外吗？

【答】因是为了认定Y的罪责而使用其他案件中X在法官面前的陈述记录，因此适用《刑诉法》第321条第1款第1项的规定。X就Y是否参与了犯罪作出"与之前的陈述不同的陈述"，因此符合后段的要件。最决昭57·12·17刑集36卷12号1022页（其他案件庭审中的被告人陈述记录案件）认为，未经宣誓的陈述记录，如在其他案件庭审中被告人所作的陈述，也符合本项的规定。

一般情况下，司法实务与通说均放宽了第1项中对原陈述人签名、盖章的要求。《刑诉规则》规定，在制作庭审笔录（《刑诉规则》第45条）、引用速记笔录的询问笔录（《刑诉规则》第52条之5第1款）中记录陈述的部分时，无需原陈述人的签名、盖章。这样仍会被判定为能够确保记录的准确性。通说认为，上述书面材料即使作为传闻例外，其要件也无需原陈述人的签名、盖章。

（四）《刑诉法》第321条第1款第3项的传闻例外

《刑诉法》第321条第1款第3项规定了被告人以外的人的陈述代用文书，且是法官面前陈述（第1项）、检察官面前陈述（第2项）的记录书以外的书面材料成为传闻例外的要件。其对象是对刑事警察的陈述笔录、对侦查人员以外的人的陈述记录书、信件、亲笔记录、呈报书和日记等一般陈述书。要件是在陈述不能的情况下，"该陈述是证明犯罪事实是否存在的不可欠缺的证据时。但是，仅限于陈述是在特别应该信任的情况下作出时"。第3项因也适用于被告人以外的人作为原陈述人的传闻陈述的传闻例外要件（《刑诉法》第324条第2款），所以是传闻例外最基本的法条。

在这里，必要性要件不是单纯的陈述不能，还需要该陈述"证明犯罪事实是否存在的不可欠缺"中的不可欠缺性作为条件。因此，仅有量刑情节的陈述不符合该条件。但是，日本法院想要审查很多证据，如果是关于犯罪成立与否要件的重要证据，不可欠缺性要件有被放宽的倾向。[1]表明犯罪事实不存在的陈述也符合该要件。如第1项和第2项同一人作出不同陈述的，在此则不能成为传闻例外的根据。

可信性的情况性保障要件写在但书条款中，简称为特信情形。在何种情况下存在特信情形不能一概而论。陈述人的观察条件、记忆的新鲜度、有无利害关系、陈述的对象、陈述的自发性、有无诱导等都是考量事项。陈述内容不利于陈述人构成可信性的一个要素。特信情形是证据能力的条件，所以不会优先评价陈述内容的可信性。某种情形下进行一定内容的陈述，类型化的成为陈述可信性根据的是特信情形。但是，如果能够确认该陈述符合待证事实以外的部分客观性事实，则可以作为推定该陈述整体可信性的根据之一。

综上所述，第3项的传闻例外需要满足陈述不能、不可欠缺性、特信情形这三个要件。

【例题8】警视厅的警察认为X有通过居住在美国的熟人Y进口可卡因的嫌疑。Y没有从美国回日本的计划。于是，日本政府

---

[1] 東京高判昭29·7·24高刑集7卷7号1105頁参照。

请求美国协助侦查。基于该请求，在洛杉矶，美国的侦查人员与日本的检察官向在公证人面前宣誓的Y告知沉默权后，对其进行了讯问。从而得到了Y声明是真实并签名的宣誓陈述书。在对X的被告案件的审判过程中，检察官申请调查该宣誓陈述书证据。辩护人发表了"不同意"的意见。该书面材料是传闻例外吗？

【答】《刑诉法》第321条第1款第3项规定了陈述不能和不可欠缺性的要件。因是在公证人面前，且是在美国法上伴随伪证制裁的宣誓陈述书，应当能够认可特信情形。该例题是将最决平12·10·31刑集54卷8号735页（美国的宣誓陈述书案件）简化后的例题。有多个判例认可外国司法机关或者侦查机关的陈述记录符合第3项的书面材料。[①]

【例题9】X因以营利为目的，在家中保管、持有兴奋剂的诉因被提起公诉，但X否认犯罪事实。检察官申请调查X的情人W的日记本证据。W已经因病去世。该日记是用圆珠笔书写的，且笔迹无停顿间断，存放在W家中上了锁的抽屉里。该日记本中写有如下事实：①2023年6月10日，在X家公寓的抽屉里发现了兴奋剂；②当时，X称这是兴奋剂；③6月12日在涉谷区表参道的卡丹商店，X给W买了一套33万日元的女式礼服。根据商店的销售记录，能够确认该购物记录是事实。该日记本有特信情形吗？

【答】从保管场所能够推断出该日记没有准备给别人看。此外，从日记用圆珠笔笔迹无停顿来看，能够推断出该日记是在记

[①] 東京高判昭61·5·16高刑集39卷2号37页（洛克希德案件）、最决平15·11·26刑集57卷10号1057页（韩国法庭中的被告人陈述案件）、最判平23·10·20刑集65卷7号999页（在中国的共犯讯问案件）。

忆清晰时所写。日记中有对情人X不利的事实。另外，日记中对购物的记述与客观证据相符。正确地书写待证事实以外的相关事实，可以作为推定有关待证事实的记述也是在可信的情况下书写而成的根据之一。因此，应该可以认可特信情形。与第一章例题9一样，这个例题也是由平成20年司法考试真题中的案例简化而来的。

【例题10】X经营着中野土木店，于2023年1月10日到老人V家，在屋顶不需要修缮的情况下，谎称"屋顶里的抗震金属损坏，需要紧急修缮"，使V误以为真，并收取V工程款100万日元现金，X因涉嫌诈骗罪的诉因被提起公诉。X否认包括过到V家在内的事实。检察官申请调查V写的笔记证据。该笔记以V的笔迹写有如下内容："1/10今天10点，有位自称中野土木店店员的男子到访。当时所说的事情：屋顶里的抗震金属坏了，不马上修缮的话会很危险。如果今天交款，工程款可以便宜到100万日元。"其证明内容是："2023年1月10日被告人对V作出了笔记里记载的言行。"辩护人对此发表了"不同意"的意见。V从2023年3月中风以来一直处于丧失意识的状态，看不到恢复的希望。V的儿子W作为控方证人，在法庭中作证称，该笔记是2023年1月10日晚上，V当着自己的面写下、11日自己和V一起到警察署报案时与被害申请一并提交的。从其他证据可知V在1月10日从银行存款中取出100万日元。X与V对话时没有其他人在场。法院应当采用该笔记作为证据吗？

【答】该笔记作为X的欺骗行为的证据具有关联性。而且，待证事实是X说了笔记上记载的话，所以属于《刑诉法》第320条第1款所禁止的传闻证据。要使其成为传闻例外，还需要满足《刑诉法》第321条第1款第3项的要件。首先，鉴于V的身心状态，其无法在庭审中进行陈述。由于没有其他的证据来证明X的欺骗行为，因此这份笔记是证明存在犯罪事实所不可欠缺的。而且，对V来说，这是非寻常事情发生的当天，在记忆清晰的情况下，当着儿子W的面写的笔记，并于第二天亲自将它提交给警察。V没有记录虚假事实的动机。而且，这也与V取出存款的事实相符，所以可以认为这是在特别可信的情况下写下的。因此，法院应当采用该笔记作为证据。该例题是对平成30年司法考试真题进行了部分修改，使之更容易理解。补充一点，检察官并没有想要证实V的屋顶是否真的需要修缮，因此笔记中X的发言不是陈述证据。综上，该笔记不是再传闻证据，但不能因此陷入笔记不能成为传闻证据的误解。

特信情形是诉讼法上的要件，所以在审判实务中，主流观点认为可以通过自由证明来进行认定。但是，与特信情形相关的事实，如陈述人的利害关系，在该书面材料作为传闻例外的证据而被采用的阶段，将成为关于陈述可信性的辅助事实。最判平18·11·7刑集60卷9号561页（东住吉放火案件）认为，被称为自相矛盾的陈述的辅助事实需要进行严格的证明（第十二章二）。因此，一般认为辅助事实需要进行严格的证明就具有了一贯性。在判断证据能力的阶段，如果通过自由证明来认定陈述人的利害关系等，那么在采用传闻例外证据的阶段就会不知该如何处理其认定问题。为了避免这样的矛盾，对于特信情形的相关事实也应当要求进行严格的证明。[1]

---

[1] 後藤昭「厳格な証明と自由な証明」『実務体系　現代の刑事弁護　第2巻　刑事弁護の現代的課題』（第一法規、2013年）263-265頁。

四、《刑诉法》第321条第2款的传闻例外

《刑诉法》第321条第2款规定："记录了被告人以外的人在审判准备或审判期日陈述的书面材料，或者记载了法院或法官的勘验结果的书面材料，不受前款规定的限制，可以作为证据。"

第2款前段之所以无条件地认可传闻例外，是因为它是在同一被告案件审判程序中所作的陈述的记录，陈述时保障了交叉询问的机会。对审判准备中的陈述记录进行证据审查是为了满足直接言词原则的要求，即事实认定所依据的证据必须在口头辩论中进行调查。根据本款规定，因更换法官（《刑诉法》第315条）或者裁判员（《裁判员法》第61条）而重新审理案件的情况下，需要使用审判期日的陈述记录作为证据。在这种情况下，根据本款和《刑诉规则》第213条之2第3项的规定，调查前次审判时的陈述记录作为证据。作出有罪判决时，判决理由的证据目录中记入的不是审判中的陈述，而是庭审笔录中记载的陈述。在《刑诉法》中，没有相当于《民诉法》第249条第3款的规定，因此不需要重复询问证人。在二审和发回重审案件中，前次审判中的陈述记录根据本款规定也具有证据能力。

其他案件审判中的陈述记录适用《刑诉法》第321条第1款第1项的规定，而非本款规定。这里容易产生误解，应当注意。

【例题11】X因与Y共谋敲诈勒索V交出10万日元现金的诉因被提起公诉。该案件的审判期日，V作为证人接受了询问并作证称被X与另一个男人敲诈勒索。X获法院有罪判决。随后，检察官以Y对V实施敲诈勒索的诉因对Y提起公诉。该案

件的审判期日，V再次作证说："敲诈勒索我的只有X一个人。"在这种情况下，如果将在对X的案件审判中记录了V证言的庭审笔录作为证据采用，依据的法条是《刑诉法》第321条第2款吗？

【答】该陈述记录虽然是审判期日的陈述，但因其是其他案件审判中的陈述记录，所以依据的不是第2款，而是第1款第1项后段的规定。

【例题12】X因不同意性交V的诉因被提起公诉。庭审中，V通过视频连线的方式接受询问并作证。之后，由于在宣判前更换了法官，所以需要对案件进行重新审理。在审查了包括询问V的录音录像记录在内的庭审笔录后，还需要给当事人询问V的机会吗？

【答】这是同一被告案件审判时的陈述记录。从《刑诉法》第321条之2第1款的措辞中可以看出，该庭审笔录中的陈述记录依据的不是本条，而是第321条第2款的传闻例外，因此不需要依照第321条之2第1款的规定给予补充询问机会。此外，由于该情况不适用第321条之2第2款的规定，根据第305条第5款的但书规定，可以采用告知陈述内容的证据审查方法来代替播放录音录像。

将法院或者法官作出的勘验记录作为证据，也是为了满足直接言词原则的要求。关于其他刑事案件或民事案件中法院勘验记录是否包含在其中尚存在争议。由于勘验时，被告人、辩护人均不在场，认为不包含在内的见解也很有说服力。[①]但是，法院、法

---

① 松尾浩也监修『条解刑事訴訟法〔第5版〕』（弘文堂、2022年）939-940頁。

官的勘验记录不是《刑诉法》第321条第3款的勘验笔录特别规定的对象，因此如果不包含在第2款中则没有应适用的法条。因此，多数学说认为其应包含在本法条第2款的对象中。

关于《刑诉法》第321条第1款第2项的传闻例外，将在下一章说明。

第五章

作为传闻例外的检面笔录

一、《刑诉法》第321条第1款第2项书面材料的传闻例外

（一）解读法条

《刑诉法》第321条第1款第2项规定，被告人以外的人对检察官的陈述记录书中有原陈述人的签名或者盖章的，具有下列要件时，可以作为传闻例外。

> 关于记录了在检察官面前所作陈述的书面材料，在该陈述人因死亡、精神或身体的障碍、下落不明或在国外，不能在审判准备或审判期日进行陈述时，或者在审判准备或审判期日作出了与之前的陈述相反或实质上不同的陈述时。但是，仅限于较之审判准备或者审判期日的陈述，之前的陈述存在更加可信的特别情形时。

这是检察官使用询问参考人W或者讯问犯罪嫌疑人Y所制作的陈述笔录用于证明被告人X的罪责时的要件。

成为该法条对象的书面材料是在检察官面前所作的陈述笔录。

其简称为检察官笔录或者检面笔录。实务中也被称为PS。[1]这里的"检察官"是指刑事诉讼法上的职能的意思。因此，负责检察官事务的检察事务官（《检察厅法》第36条）制作的陈述笔录也是该法条的对象。

根据第2项规定，是否采用陈述笔录在审判中经常成为重要的争议点。刑事实务中只提及"第2项书面材料"时，指的是根据《刑诉法》第321条第1款第2项作为传闻例外提交的检面笔录。

（二）法条的构成

第2项的要件分为前段和后段。前段是基于原陈述人陈述不能的传闻例外。后段是以对检察官作出陈述的人在审判中作出与此相反内容的陈述为由的传闻例外。该后段更是有但书条款作为加强要件。即，"仅限于较之审判准备或者审判期日的陈述，之前的陈述存在更加可信的特别情形时"的要件。这是比较审判陈述与成为检察官笔录的陈述（以下简称检面陈述）的产生情况的要件，因此将其称为"相对的特信情形要件"更容易理解。应当注意的是，前段中没有这样的要件。因为前段与后段是性质不同的要件，所以在论及适用第2项规定时，必须在明确是前段的问题还是后段的问题之后再行论述。

（三）与第3项的比较

刑事警察制作的被告人以外的人的陈述笔录的传闻例外要件

---

[1] 与之相对，对刑事警察的陈述笔录称为KS。

依照前一章中所介绍的第3项规定。对比第2项与第3项的要件，两者有三大不同点：①第3项只有在陈述不能的情况下才准许认定传闻例外，而第2项后段在有相反的陈述的情况下也准许采用笔录。②对于陈述不能的情况，第3项中规定了必要性要件，而第2项前段没有规定。③第3项要求绝对的特信情形[①]，而第2项前段法条中没有这一要件。由此可知，对于检察官制作的被告人以外的人的陈述笔录，刑诉法准许在特别宽松的条件下将其作为传闻例外使用。检察官在侦查阶段积极地询问参考人、讯问犯罪嫌疑人，由此所得的陈述笔录作为证明手段发挥着重要的作用。这是日本刑事司法的重要特色。

认为检察官有让人说出真相的特殊能力，这种想法毫无根据。也不能因为精通刑法的检察官所制作的陈述笔录有利于有罪认定等不公平的理由，就认定传闻例外。立法者之所以在上述宽松条件下认可检面笔录的证据能力，是因为期待检察官作为公共利益的代表者（《检察厅法》第4条）不会直接将原陈述人所说的内容粗略概括成笔录，而是会通过提问来代替交叉询问，并考虑与其他客观证据的一致性，选择认为可信的陈述进行记录。该法条规定的对象不是向检察官所作的一般陈述，而只是记录书中的陈述，就说明了这一点。

但与此同时，检察官又是负有控诉职能的当事人。问题在于，能否期待作为一方当事人的检察官具有这样的客观性。因此，能否采用第2项的书面材料常常成为重要的争议点是必然的。

[①] 第3项的特信情形不是第2项但书那样的比较要件，因此称为绝对的特信情形进行区分更容易理解。

（四）与检察官的传闻证言的比较

第2项的适用对象不是被告人以外的人对检察官所作的一般陈述，而是仅限于被记录在笔录中的陈述，且是由原陈述人签名或者盖章的笔录。

【例题1】在对X的伤害致死被告案件的侦查阶段，检察官P1将重要的目击者W作为参考人进行询问。P1向W宣读完陈述笔录的草稿后，W拒绝在笔录上签名，并表示："内容没有错误。但是我想出庭作证，所以我不会在笔录上签名。"在审判阶段，检察官P2申请对证人W进行询问，法院同意。但是，在预定的询问期日前，W因交通事故去世。P1若要对W的陈述内容作证并将其陈述笔录作为证据使用，所要满足的要件依据的是哪个法条？

【答】该要件根据的是《刑诉法》第324条第2款的规定准用第321条第1款第3项而不是第321条第1款第2项前段。因此，W的原始陈述需要绝对的特信情形。

二、《刑诉法》第321条第1款第2项前段的要件

（一）必要性

《刑诉法》第321条第1款第2项前段的必要性要件是原陈述人的陈述不能。陈述不能的含义如前一章所述。如若证人只能大致作出证言，记不得细节，无法像检面陈述那样陈述时，只抽取其个别部分适用第2项前段的规定是不适合的。应从证言的整体出发，考虑是否符合后段的要件。[1]在这种情况下，由于附加了但

---

[1] 大阪高判昭52・3・9判时869号111页。

书的要件，因此对证据能力的判断会更为慎重。

有一个高等法院判例，W在审判中作出了A内容的证言，之后检察官对其进行询问并制作了B内容的笔录，当检察官申请再次询问证人且获法院批准后，W死亡，法院认可适用第2项前段。① 判例认为B内容符合陈述不能。

陈述不能的原因是在外国人被驱逐出境的情况下，存在特殊的问题。国家将应当作为证人的外国人从日本驱逐出境，其结果是剥夺了被告人进行交叉询问的机会。最判平7·6·20刑集49卷6号741页（参考人驱逐出境案件）指出，检面笔录的证据申请"从程序正义的角度来看欠缺公正性"时，不能根据第2项前段的规定采用该证据。具体地列举了下列情形："检察官明知该外国人会被驱逐出境，无法在审判准备或者审判期日作出陈述，有意利用这一事态的"或者"尽管法官或者法院决定对该外国人进行证人询问，但仍将其强制送还的"。这是揭示了法无明文规定时的证据禁止可能性的重要判例。

但是，依照该判例禁止采用证据的案例有限。一方面，能够认定检察官有意利用参考人被驱逐出境不能作证的案例应该很少。另一方面，在现行《出入境管理及难民认定法》中，没有以外国人预定成为法庭证人为由给予在留资格或者停止执行驱逐出境的制度。因此，该判例的效果只限于在现行法律可能的范围内，要求检察官、法院及出入境管理局为了实现作证而努力。②

---

① 東京高判平5·10·21高刑集46卷3号271页。
② 東京高判平20·10·16高刑集61卷4号1页。

在预定成为重要证人的外国人在出庭作证前将要被驱逐出境的情况下，作为实现证人询问的方法，控方可以根据《刑诉法》第226条、第227条的规定申请第一次审判期日前的证人询问，辩方可以根据第179条的规定申请作为证据保全的证人询问。但是，第226条、第227条没有将可能无法在审判期日作证列为申请的理由。因此，如果严格适用，则检察官难以提出申请。但是，最近的司法实务中，在这种情况下认可根据第227条的规定申请证人询问的案例较多。一方面，作为立法论，可以依此理由申请第一次审判期日前的证人询问，与此同时，当检察官未提出该申请时，依照第2项前段禁止申请检面笔录的证据是适当的。另一方面，即使辩护人在侦查阶段就已介入，也无法保障辩护人能够掌握参考人要被驱逐出境的情况。

【例题2】在X与Y共谋对V伤害致死的案件中，2023年6月3日X和Y被拘留，同月5日被逮捕。同日，法官选任律师L为国选辩护人。检察官于同年6月12日对A国人Y进行了讯问，制作了笔录，并取得了Y的签名。在该笔录中，Y陈述称："X对V实施暴行时我在现场，但是我没有施暴。V没有对X和我进行攻击。"检察官于6月13日对X提起公诉，而对Y则以证据不足为由作出了不起诉决定，并将其释放。同时，因Y是非法滞留状态，检察官通知了出入境管理局。8月7日，第一次审判前整理程序中，检察官申请调查Y检面笔录的证据。对辩护人L"不同意"的意见，检察官发表如下主张："因Y已经超过了其签证的在留期间，7月31日已经被驱逐出境返回A国。Y在5年内都不得进入日本，导致审判时陈述不能，应当根据第2项前段采用检面笔录。"辩护人L反驳称："在本案中，我方打算主张正当防卫，所以Y是重要的证人。检察官尽管预料到Y因是非法滞留很快会被驱逐出境，却没有通知X或其辩护人，致使我方失去了作为证据保全询问证人的机会。检察官申请采用Y的检面笔录违反程序正义。"法院应当采用Y的检面笔录吗？

【答】如果强调因检察官没有告知L辩护人Y有被驱逐出境的可能性，致使辩护人失去申请证人询问的机会，则应作出不应当采用Y的检面笔录的判断。本例题源于东京地判平26·3·18判时1401号373页的案例，该案例不允许采用检面笔录。

（二）可信性的情况性保障

第2项前段的规定没有列举有关可信性的情况性保障要件。还有一种颇具影响力的学说认为，在没有可信性的情况性保障的情况下采用由控诉当事人的检察官记录的书面材料，违反《宪法》第37条第2款保障证人询问权的规定。①从该立场出发，第2项前段规定也应解释为需要附加特信情形的要件。但是，判例并没有采用这样的解释。②还有学说认为，但书条款也应当适用于前段。但是，没有规定审判陈述的前段中，不适用相对的特信情形要件。

可信性的情况性保障是传闻例外的原则性要件，也是第2项潜在的要求。尽管如此，立法者还是会推定检面笔录存在特信情形。因此，检察官无须主动证明特信情形。但是，这一推定并非视为。即使是检面笔录，如果判明是在不可信情况下作出的陈述，

---

① 铃木茂嗣『刑事訴訟法〔改訂版〕』（青林書院、1990年）207页など。
② 大阪高判平1·11·10刑集49卷6号774页など。

也不能依据第2项前段予以采用。①典型的情形是，要将陈述人Y缺乏任意性的自白作为共犯陈述使之成为审判X的证据。

【例题3】乐园市市长X因收受希望得到市公报印刷订货照顾的Y 30万日元现金贿赂的诉因被提起公诉，但X否认指控的事实。Y在侦查阶段作出行贿自白后，在起诉后的保释期间自杀身亡。检察官申请调查Y对检察官所作的陈述笔录证据。辩护人发表了"不同意"的意见，并主张称："在逮捕后对Y进行讯问时，检察官威胁说：'如果你继续否认，那么协助你工作的你老婆也会有共犯嫌疑。必须拘留你老婆进行讯问。'Y怕妻子被拘留，无奈之下只好在笔录上签了名。这个经过在Y遗留的犯罪嫌疑人笔记里也有记录。由此产生的Y的陈述应被怀疑为虚假陈述，因此该笔录不应被采纳。"如果能够认定讯问过程如辩护人所言，法院是否应当采用Y的检面笔录作为证据？

【答】Y因已经死亡而陈述不能，Y的检面笔录形式上符合《刑诉法》第321条第1款第2项前段的要件。但是，如果是历经如辩护人所称的讯问过程而得的陈述，就是不可信情况下的陈述，不应当适用第2项前段作为证据被采用。

从2018年6月开始施行的协商协议制度的运作中，也可能会发生根据第2项前段采用检面笔录的适当性的争议。

【例题4】乐园市市长X因将新干线车站前的市有土地以不正当的低价转让给Y经营的不动产公司，以此收受500万日元现金返点贿赂的加重受贿的诉因被提起公诉，但X否认指控的事实。

---

① 松尾浩也监修『条解刑事訴訟法〔第5版〕』（弘文堂、2022年）933–934頁、千葉地判平11・9・8判時1713号143頁（罗伊案件第一审）。

Y在侦查阶段与检察官协商并达成了协议，作为被告人讯问和证人询问时作真实陈述的交换，检察官同意向法院建议对Y适用即决审判程序。检察官申请Y的证人询问并被批准。但是，审判期日Y拒绝作证。检察官申请采用Y的检面笔录中承认向X行贿的内容作为证据。辩护人发表了如下意见："不同意。对证据采用有异议。"法院应当采用该笔录证据吗？

【答】由于Y拒绝作证，依照判例符合陈述不能，符合《刑诉法》第321条第1款第2项前段的要件。但是，Y的检面陈述是在自己能够通过即决审判可以被判处缓刑作为回报的期待下作出的陈述。而且Y拒绝作证的态度表明他意识到自己的陈述无法经受交叉询问的考验。即使存在《刑诉法》第350条之15规定的虚假陈述罪，也不能保证该陈述的可信性。这类陈述由于是在不可信情况下作出的陈述，不应当适用第2项前段的规定采用笔录。[①]

三、《刑诉法》第321条第1款第2项后段的要件

（一）必要性要件

《刑诉法》第321条第1款第2项后段的必要性要件是陈述人在审判中作出与检面陈述"相反或实质上不同的陈述"。以下将之统称为相反性要件。之所以在存在相反陈述时认可传闻例外，是因为同一陈述人就重要的问题作出了不同的陈述，因此将两者皆

---

① 详见後藤昭「2015年刑訴改正法案における協議・合意制度」総合法律支援論叢8号（2016年）1、10頁。

作为实质证据采用，并对比衡量其可信性是有意义的。①

但是，该法条使侦查阶段制作的检面笔录可以成为证据使用，当证人作出的证言与检察官的预期不符时，该法条就为检察官提供了强大的武器。在对事实存在重大争议的案件中，是否采用该第2项后段书面材料经常成为区分有罪与无罪的分水岭。最近的著名案件即所谓的邮政不正当案件也是这样的案例。该案件中，在侦查阶段K曾在一份检面笔录上签了名，即其受被告人村木厚子的指示制作了虚假的证明书，但在审判证言中却作出没有受到被告人村木厚子的指示的陈述。检察官根据第2项后段申请采用K的检面笔录。法院否定了相对的特信情形，没有准许采用，直接导致了无罪判决。

与第1项只是单纯的"不同的陈述"相比，第2项后段的相反性要件更加严格。在以往的判例中，有以与审判陈述相比，检面陈述更为详细为理由而认可相反性的判例。②这应该理解为，将检面笔录作为证据，使认定不同事实成为可能。③但是，相反性要件要比自我矛盾范围更广。

【例题5】X因骑摩托车抢夺V的手提包并致使V受伤的抢劫致伤的诉因被提起公诉，但X否认指控的事实。目击者W在侦查阶段向检察官陈述如下："犯人当时骑的摩托车的车牌号是

---

① 《刑诉法》第300条就根据第321条第1款第2项后段的规定具有证据能力的检面笔录要求检察官有申请调查证据的义务。从中也能看出立法者重视第2项后段的书面材料。

② 最决昭32·9·30刑集11卷9号2403页（比审判陈述更详细的检面笔录案件）。

③ 更详细的内容参见角田雄彦「刑訴法321条1項2号後段における『実質的に異なった』の意義」白鷗大学法科大学院紀要10号（2017年）137页以下。

5982",并在笔录上签名、盖章。该号码与X的摩托车车牌号相同。因辩护人不同意采用该检面笔录作为证据,检察官申请对证人W进行询问,法院同意。审判期日,W对目击案件的概要作证,并称:"至于犯人所骑摩托车车牌号我现在是想不起来了。如果我曾跟检察官说过车牌号的话,那应该是按照当时的记忆说的。"检察官以《刑诉法》第321条第1款第2项为依据,再次申请采用W的检面笔录作为证据时,应当依照前段的规定,还是后段的规定?

【答】因为W能够对目击的案件概要作证,因此不符合第2项前段的陈述不能。W的审判证言与自己的检面笔录不矛盾,因而也不符合第2项后段的"相反的"陈述。但是,在X罪责的认定上,有无关于罪犯所骑摩托车车牌号的陈述,会产生重大不同。因此,应当以第2项后段的"实质上不同的陈述"为依据提出主张。

从但书条款的措辞可以看出,第2项后段的检面陈述必须是审判陈述前作出的陈述。这种限制的原因之一是如果是审判陈述前作出的陈述,就可以在法庭中进行事后的交叉询问。以往的判例也指出,第2项后段不违反《宪法》第37条第2款的原因之一是有机会在法庭上询问陈述人。① 仅限于审判前陈述的另一个原因是,检察官在听取证言后试图影响庭外证人改变其陈述有悖于审判中心主义。

【例题6】X因伤害V的诉因被提起公诉,但X否认指控的事实。控方证人W作证称:"我亲眼目睹了V被袭击。但是我不确定凶手是否为X。"其后,检察官询问了W,并取得了一份W签名、

① 最判昭30·11·29刑集9卷12号2524页(第2项后段合宪判决案件)。

盖章的陈述笔录，即"X是袭击W的凶手"。检察官再次申请对证人W进行询问并获得法官的许可。然而，W所作的证言与上次相同。检察官申请根据第2项后段采用上述检面笔录。这种情况下存在第2项后段的相反陈述要件吗？

【答】在类似的案件中，判例指出，检察官这样的处理"从审判中心主义的观点而言不能令人满意"，但从与W的第二次证言的关系来看，检面陈述符合"之前的陈述"。[①]然而这种处理方式是有待商榷的，因为它认可的不是通过法庭中的交叉询问，而是通过在检察院询问室改变所作的陈述。

最典型的审判中的不同陈述是证言。此外，在合并审理的同案被告人的法庭上，讯问被告人所得供述也可以成立这样的相反陈述。以往的判例中也有案例认为在是否承认罪状时的否认陈述也是相反陈述。[②]但是，针对是否承认罪状，同案被告人并不能就之前的陈述进行反对询问，因此这种处理方式值得商榷。

东京高判昭30·6·8高刑集8卷4号623页（交叉询问中的相反陈述案件）认为通过交叉询问而产生的陈述也符合第2项后段的相反陈述。即使是现在，这也是审判实务中的普遍理解。[③]从辩护人的立场看，如果法庭中的交叉询问戏剧性地成功的话，其结果反而是检面笔录被恢复为证据。

【例题7】X因敲诈勒索V的诉因被提起公诉，就指控的事实存在争议。V在检面笔录中陈述因为受到X的恐吓很害怕，于是

[①] 最决昭58·6·30刑集37卷5号592页（证言之间的检面笔录案件）。
[②] 最决昭35·7·26刑集14卷10号1307页（共同被告人的否认答辩案件）。
[③] 石井一正『实务刑事证拠法〔第5版〕』（判例タイムズ社、2011年）168-169页。

给了他现金100万日元。然后，在法庭上对于检察官的主询问也作出了相同内容的陈述。但是，在辩护人交叉询问下推翻了该陈述，承认其不是因为受到X的敲诈勒索，而是因为有年利率一成的利息返还，出于想挣钱而借出100万日元。检察官在再次主询问中指出检面陈述的内容，尝试挽回原证言。但是，V没有改变其未受到X敲诈勒索的证言。这符合第2项后段的相反陈述吗？

【答】如果按照上述高等法院判例，这种情况也符合相反陈述。但是，在出现相反陈述的情况下认可检面笔录的传闻例外是为了对同一人的相反陈述进行比较并考量哪个可信。在这个例题中，因受到X的恐吓而给钱的陈述是在法庭的主询问中作出的。即使该陈述在交叉询问中被推翻，主询问中的证言也仍具有证据能力，所以就V所作的相反内容的证言哪个可信，法院可以通过自由心证进行比较。因此，不需要采用检面笔录。在这种情况下适用第2项后段是承认了没有必要性的传闻例外，这是错误的。[1]

能够以相反陈述为理由适用第2项后段采用的笔录，是整个笔录，还是仅限于相反部分呢？两者都有高等法院的判决先例，[2]因此判例并不一致。即使存在一份与检面笔录的部分内容相反的审判陈述，也没有必要将包括其他部分在内的整个笔录作为传闻例外采用。但为理解相反部分的意思将所必要的范围作为传闻例外是合理的。

---

[1] 上口裕『刑事訴訟法〔第5版〕』（成文堂、2021年）376頁、小幡雅二「裁判員裁判に残された課題——2号書面問題を中心に」筑波ロー・ジャーナル5号（2009年）75、91頁等。

[2] 整个笔录说的判例有東京高判平17・6・15高刑速（平17）号140頁、LEX/DB28115399。相反部分限定说的判例有大阪高判平10・12・9判夕1063号272頁。

（二）采用的顺序

在实际审判中，检察官依照第2项后段申请采用检面笔录的典型程序如下：①检察官申请W的检面笔录作为证据；→②辩护人对此发表"不同意"的意见；→③检察官申请W的证人询问被采用；→④证人W对重要事实作出与检面陈述相反的证言；→⑤检察官提出检面陈述，进行询问试图让其修改证言；→⑥然而证言不变；→⑦于是，检察官重新申请依照第2项后段采用检面笔录。

即使证人作出了与检面笔录相反的陈述，检察官也不应当直接依照第2项后段申请采用笔录。检察官首先要指出检面陈述，尝试让证人修正证言。在这种情况下，根据《刑诉规则》第199条之3第3款第6项的规定，在主询问中也可以进行诱导询问（但是，依照同条第4款不准许朗读笔录）。如果证人仍不改变证言，检察官要进行询问以明确陈述变化的理由。这也具有证明相对的特信情形的意义。当相反陈述对被告人有利时，辩护人应该会通过交叉询问来证明检面陈述有误、法庭中的证言才是正确的。这既是对检面陈述的事后交叉询问，也具有反证相对的特信情形的意义。进行上述询问后，检察官会根据第2项后段申请采用笔录。

【例题8】X因对V伤害致死的诉因被提起公诉，就指控的事实存在争议。审判中，控方证人W作证称："我目睹了V被袭击，犯人的背影与X相似，但是说不清是否为X的脸。"检察官没有当场提及侦查阶段W对检察官的陈述内容就结束了询问。下一次开庭之日，检察官根据《刑诉法》第321条第1款第2项后段申请采用W在侦查阶段的检面笔录。因该笔录中有"我还看到了袭击V

的犯人的脸，与X极像"的陈述，检察官主张具有相反性。法院可以采用该笔录吗？

【答】检察官在证人询问阶段没有对检面陈述进行询问的情况下，在之后的审判期日申请作为第2项后段书面材料采用检面笔录的做法会使辩方失去事后交叉询问的机会，这是不适当的。因此，法院不应该采用该笔录。有判例认为，询问证人之后的审判期日的审判中采纳申请第2项后段书面材料的证据进行调查不违法。[1]但是，该判例认定检察官在询问证人时就已经对检面陈述进行了交叉询问。

（三）相对的特信情形

根据第2项后段的但书条款，可以采用的检面笔录"仅限于较之审判准备或者审判期日的陈述，之前的陈述存在更加可信的特别情形时"。这就是第2项后段关于可信性的情况性保障要件。这是相对的判断，不只是提高检面陈述的可信性的情况，降低审判陈述的可信性的情况也要成为考量的要素。对于这种情况，检察官常常主张检面陈述时的记忆才是清晰的，而审判陈述时记忆已经模糊，或者在法庭上当着被告人或者特定的旁听人的面难以进行率直的陈述等。但是，审判阶段比侦查阶段距离案发时间更久远，被告人在法庭上等情况都是通常的状态，仅仅这些不能说是"特别情形"。需要记忆显著衰退或者因被告人与证人的关系特殊来自被告人的心理压力即使通过被告人暂时退庭（《刑诉法》第304条之2）、遮蔽（《刑诉法》第157条之5第1款）等措施也

---

[1] 最判昭30·1·11刑集9卷1号14页（参照检面笔录内容案件）。

无法消除的事由。

相对的特信情形是证据能力的要件，也是可信性的情况性保障要件。因此，不应比较两份陈述内容的可信性，而应当比较两份陈述产生的情况（也称为外部的附加情况）。否则就会导致先判断证明力，再判断证据能力的结果。

然而，判例在判断相对的特信情形时，准许参照检面笔录的内容。[①]因此，在实务中有不少案例以检面陈述条理清楚、合乎逻辑，与其他证据高度吻合为由认可相对的特信情形。这种情况下存在先判断证明力的危险。故事风的、独白体的检面笔录普遍条理清楚。因此，也有学说认为只有在推断陈述的外部附加情况时才可以参照陈述的内容。[②]但是，其具体的含义并不明确。

在这种情况下，参照检面陈述内容的方法是多种多样的。例如，①检面陈述的内容更合理所以可信；②判断检面陈述对陈述人自身更不利。其中①是对证明力的先行评价。与之相对，②是典型的基于经验法则的类型性判断，即一个人敢于陈述对自己不利的事实，就值得信任，因此应该可以作为相对的特信情形的要素考量。

【例题9】X在担任青空商事股份有限公司的经理部长时与部下Y共谋，恣意从公司的银行账户取款300万日元并侵吞，被以职务侵占的诉因提起公诉，但X否认指控的事实。Y也被提起公诉，但因其承认犯罪事实并归还了赃款，被判缓刑且判决已生效。其后，在被告人X的审判中成为控方证人的Y作证称："从公司账户

[①] 最判昭30·1·11刑集9卷1号14页（参照检面笔录内容案件）。
[②] 田口守一『刑事訴訟法〔第7版〕』（弘文堂、2017年）433頁など。

取出300万日元是自己的决定,并没有受到X的指示。"检察官指出Y在侦查阶段的检面笔录中陈述"我受到X的指示,从公司的账户取出300万日元",并就此进一步进行了询问,但是Y并没有改变证言。辩护人在交叉询问中提问为什么在之前的陈述中说受到了X的指示。Y回答:"那是因为想尽可能地减轻自己的刑罚。"检察官根据《刑诉法》第321条第1款第2项后段申请采用Y的检面笔录作为证据。从辩护人的立场出发,主张否定相对的特信情形的要点是什么?

【答】作为辩护人应当指出:Y在侦查阶段陈述时,存在通过将责任转嫁给X减轻自己罪行的动机。这点在法庭中Y自己也已承认,且从当时Y的立场而言是很自然的想法。与之相对,现在Y自己的判决已经生效,该动机已经消失,所以认为其按照宣誓作出真实的证言也是符合逻辑的。

在很多案例中,与法庭证言相比,检面陈述与其他有力证据更加吻合,而这种情况被认定为相对的特信情形的积极要素。但是,当与其他证据吻合的部分是检面笔录的主要待证事实时,此判断就会沦为证明力的先行判断。与此相反,当与其他证据吻合的部分不是主要待证事实而是待证事实以外的附带事实时,则是表示关于主要的待证事实的陈述也可信的间接证据,因此,可以考虑作为相对的特信情形的积极要素。

【例题10】暴力团的组长X命令属下组员Y枪杀对立组的干部V,X被以杀人罪的共同正犯的诉因提起公诉,X否认共谋。对于检察官的调查,Y承认在X家接受了X的命令,之后用手枪射杀了V,手枪是组里负责武器管理的Z给的等,并在笔录上签名。但是,在对X的审判期日,成为控方证人的Y作证称:"杀害V是我自己的个人所为，没有X的命令。使用的手枪是从一个做手枪贩子的外国男子处购得。我不知道该男子现在何处。"检察官指出Y的检面陈述并进行了询问，但Y没有改变证言。于是，检察官根据《刑诉法》第321条第1款第2项后段申请采用Y的检面笔录。而且指出相对的特信情形的理由：①已经有证人W所作的证言"X把Y叫到自己家并命令其杀害V时，我也在场"；②Z作为证人所作的证言"我接到X的指示，给了Y手枪"。法院以Y的检面陈述与这些证言相吻合为由，判断存在相对的特信情形是否适当？

【答】W证言的内容是检察官通过Y的检面笔录要证明的主要待证事实本身，而因为检面笔录与其一致所以认为检面笔录可信的想法是证明力的先行判断。这不适合作为相对的特信情形的根据。与之相对，Z的证言内容不是X命令杀害V这一主要待证事实。Y检面笔录的内容与Z证言吻合的情况可以考虑作为相对的特信情形的积极要素。

【例题11】例题10的案例中，笔录中记录了Y说："因为我跟X组长讲义气，所以在法庭上当着组长的面我无法说出实情。"对笔录中的这一部分，法院应当考虑作为相对的特信情形的积极要素吗？

【答】因为Y在笔录中作了这样的陈述，从而推断其在法庭上当着组长的面应该无法说出实话，这属于是作为传闻证据使用的情况。审判实务中的通说认为，相对的特信情形因是诉讼法的事实只需要进行自由证明。[①] 如果以该通说为前提，根据上述推断可

---

① 松尾浩也监修『条解刑事訴訟法〔第5版〕』（弘文堂、2022年）936页。

以认定相对的特信情形。但是在审判外陈述作为传闻例外被采用的阶段，关于作为传闻例外要件的可信性的情况性保障事实会成为有关其可信性的间接事实。与第四章中论述的第3项绝对的特信情形相同，判断是否存在相对的特信情形也应当根据严格证明。如果采用严格证明论，就无法作出上述传闻证据的推定。

为了判断相对的特信情形，有时也对实施了讯问的检察官进行证人询问。今后，讯问录像记录也有可能用于该目的的调查。

正如法条的措辞所示，相对的特信情形必须是"特别情形"。禁止传闻证据规则的基础是经受住法庭中（如果是证人要在宣誓后）交叉询问的陈述才可以信任的经验法则。因此，这不是平衡状态的比较，而应当从审判陈述有更应当信任的情况这一推定出发，判断是否有足够的情况来推翻审判陈述。但是，实际的法院判断中，除非认定不正当讯问的情况使检面陈述的可信性受到质疑，否则很难否定相对的特信情形。[1]

即使法院认定相对的特信情形并采用检面笔录作为证据，也只是承认了其证据能力。在最终的事实认定中，仍然留有判断审判陈述更加可信的自由。但这样的判决自然很少。

四、《刑诉法》第321条第1款第2项书面材料的地位

在涉及严重事实争议的刑事案件中，辩护人必须为第2项书面材料的出现做好准备。以前，很多刑事辩护人对于法院过分简单地认定相对的特信情形非常不满。实际上，一些法官表示几乎

---

[1] 作为例子，参见上面的邮政不正当案件的证据决定大阪地决平22·5·26LEX/DB25442490。

没有驳回过第2项后段书面材料的申请。司法实务中经常采用第2项后段书面材料的做法，是日本的刑事审判被诟病为"笔录审判"的原因之一。

司法实务中这种操作的原因隐藏在第2项规定的构造中。第2项前段不要求特信情形。这表明立法者推定检面笔录中存在特信情形。如此一来，即便后段中要求"特别情形"，其出发点也来自检面笔录是具有与审判陈述大致相同的可信性的推定。也就是说，由于前段的理念影响了但书条款适用的判断，因此相对的特信情形的例外性变得模糊。从这个角度可以看出，第2项前段与后段在理念上没有保持一贯性。

自裁判员审判开始以来，法院也开始致力于贯彻言词原则和直接原则。其结果是重视法庭上的询问，采用第2项后段书面材料被称为"最后的手段"。①实际上，也有观点认为检察官提出第2项后段书面材料的事例在减少。然而，旨在摆脱"过于依赖讯问和陈述笔录"②的刑事司法制度的2016年刑事诉讼法修改，也没有涉及传闻证据例外的法条。关于第2项要件的判例至今也没有任何变化。

准许在特别宽缓的条件下使用作为控诉当事人的检察官总结的陈述笔录的证据是日本刑事司法的重大特色。今后关于第2项书面材料的司法实践会如何发展是关注日本刑事审判动向的焦点。

---

① 伊藤雅人「刑訴法321条1項2号書面の請求と訴訟活動」松尾浩也・岩瀬徹編『実例刑事訴訟法Ⅲ』（青林書院、2012年）41、46頁。

② 法務大臣諮問第92号。

第六章
勘验笔录的传闻例外

一、解读法条

《刑诉法》第321条第3款规定：

记载了检察官、检察事务官或者刑事警察职员的勘验结果的书面材料，其陈述人在审判期日作为证人接受询问，并陈述该书面材料是真实制作时，不受第1款规定的限制，可以作为证据。

本法条就记录侦查机关勘验结果的书面材料（勘验笔录）规定了特殊的传闻例外要件。

勘验笔录是记载勘验人通过观察对象所得的信息，并向法院等汇报的书面材料。该书面材料相当于制作人的陈述书。而且勘验笔录作为证据时，待证事实一般是勘验对象的情况与制作人所作的报告一致的事实。因此，勘验笔录是陈述代用文书，属于传闻证据。

第3款的传闻例外规定的特征是以书面材料的制作人出庭作证为条件。该证言以下称为真实制作证言。换言之，其构造如下：陈述人在作出真实制作证言时，以就书面材料的内容接受事后询问为条件，承认之前的陈述书的证据能力。

法律认可此类传闻例外基于以下原因：①如果勘验结果能够在勘验结束后立刻以书面形式记录下来，而不是依赖勘验人的记忆作证，则勘验结果会更加准确；②勘验结果经常使用图画、照片进行记录，因此书面材料的形式会更容易理解；③在内容的可信性方面，如果设置事后交叉询问的机会就可以判断其证明力。这里不存在陈述人陈述不能的要件。传闻例外的必要性考虑因素是①和②，可信性的情况性保障根据是①和③。勘验笔录中的图画和照片也是补充口头报告的资料，因此，作为勘验笔录的一部分，依第3项的传闻例外成为证据。①

考虑到这一立法目的，勘验的实施人与勘验笔录的制作人应当一致。当然，为了实施勘验，也可以由辅助人协助进行勘验。

二、《刑诉法》第321条第3款的适用对象

（一）实地确认笔录

《刑诉法》第321条第3款法条中使用了"勘验"一词。正如第128条、第218条第1款的规定，刑诉法将"勘验"作为强制措施的一种。在侦查法的语境中，作为任意侦查而进行的实地确认不属于勘验。从刑诉法上的这一术语来看，立法者的意图是实地确认笔录不包含在"记载勘验结果的书面材料"中。勘验原则上是取得令状后实施的强制措施，因此对观察和记录都更加慎重，从这一点上被认为与实地确认不同。

但是，从很早开始，判例就采取了实地确认笔录也包含在第3款

---

① 但是，关于拍摄作为陈述的动作的照片会产生再传闻的问题。此问题将在下一章中讨论。

书面材料中的立场。①其实质性理由是，无论是勘验还是实地确认，实际上进行的工作都是相同的，因此，判例认为上述列举的三种原因同样适用于实地确认笔录。实务中，该法条适用的案例多是实地确认笔录。由于这类判例影响很大，下面将基于该类判例的法理进行讲解。

【例题1】X驾驶轿车在有信号灯的十字路口准备右转，此时与骑着电动车从反方向直行过来的V相撞②，并使V受伤，X被以过失驾驶致人受伤的诉因提起公诉。检察官以"现场的状况"为证明内容，申请调查刑事警察K警部实地确认现场十字路口的实地确认笔录证据。对此，辩护人发表了"不同意"的意见。检察官应当如何应对？

【答】以现场的状况作为待证事实而使用实地确认笔录，该笔录实质上会成为K的陈述代用文书，因此属于《刑诉法》第320条第1款禁止的传闻证据。但根据判例，实地确认笔录也适用《刑诉法》第321条第3款的规定。因此，为了满足传闻例外的要件，检察官应当申请K警部作为证人接受询问，让其作出真实制作证言。

判例对包含于第3款中的勘验笔录的解释并不限于以"实地确认笔录"为标题的书面材料，而且适用于侦查人员观察对象的状态并将该结果进行记载的所有书面材料。例如，根据第3款承认警犬气味辨别结果报告书的证据能力。③

【例题2】X的体内每升呼气中含有0.25毫克以上的酒精，受其影响有可能在无法正常驾驶的状态下驾驶货车，被以醉酒驾驶（《道交法》第65条第1款、第117条之2第1项）的诉因提起公

---

① 最判昭35·9·8刑集14卷11号1437页（实地确认笔录案件）等。

② 日本右侧驾驶，道路行车方向也与中国相反。因此，在日本右转是大拐弯。——译者注

③ 最决昭62·3·3刑集41卷2号60页（气味识别报告书案件）。

诉。检察官申请调查警察C对X进行呼气检查并检举X时现场制作的"醉酒、酒驾鉴别卡"证据。其格式如下页图3。其中"化学判定"栏记录呼气等检查结果、"提问回答情况"栏记录犯罪嫌疑人对例行问题的回答、"检查情况"栏记录犯罪嫌疑人的说话方式、走路方式、有无酒气及程度和着装情况等信息。最后是"通过外观判定"栏，对是否醉酒驾车或者饮酒驾车的综合判断结果在□内画✓。对于该申请，辩护人发表了"不同意"的意见。检察官申请对警察C进行证人询问，法院同意。根据警察C的证言，他在抓捕X时正确填写了该鉴别卡。法院可以采用该卡片作为证据吗？

【答】该鉴别卡的待证事实是X当时处于醉酒的状态，所以鉴别卡作为C的陈述代用文书属于传闻证据。最判昭47·6·2刑集26卷5号317页（醉酒鉴别卡案件）认为，鉴别卡中在格式上几乎完全相同的"化学判定"栏和"检查情况"栏，由于其记载了刑事警察通过检查和观察犯罪嫌疑人的状态而得出的判定结果，因此根据《刑诉法》第321条第3款的规定可以赋予其证据能力。但是该案认为，"提问回答情况"栏是与犯罪嫌疑人的问答记录，不属于勘验笔录。就这部分而言，由于其相当于警察C的侦查报告书，需要具备第321条第1款第3项的要件，但因其不满足该要件所以不具有证据能力。最高法院之所以没有将该部分视为犯罪嫌疑人的陈述记录书，是因为这里的犯罪嫌疑人的回答是推断其对话能力的记载，而不是作为推断存在如回答所言事实的陈述证据来使用。即使如此，最高法院可能也考虑到该部分尽管记载了勘验结果，但缺乏相应的严密性。另外，最高法院还对如何处理综合判断结果的判定栏保留了判断意见。这应该是由于最高法院认为该部分属于警察的意见，将其视为勘验结果并不适当。

第六章　勘验笔录的传闻例外

様式第2

			酒酔い 酒気帯び	鑑識カード		番号	号
被疑者氏名						年齢	歳
外観による判定 （〇印のもの）			□ 下記調査結果を総合して酒に酔い正常な運転ができないと認定した。 □ 下記調査結果を総合して酒気帯びと認定した。				
記録紙貼付欄	〇印のものの化学的判定		実施前に水で口内を	□ すすがせた □ すすがせなかった（理由）			
			□ ＳＥ型 　（測長法検知管）	呼気（検知管に通した呼気100mL） 測定濃度の読み　　　　　　　mg/L			
			□ 非分散型赤外線式 　（デジタル式）	測定値の読み　　　　　　　　　mg/L			
	確認書		測定方法のとおり、アルコール保有量を目の前で検査した結果 　　測定値が　　　　　　　　　mg/Lであることを確認した 　　確認者　　　　　　　印				
測定方法 〇印のもの			□ 真空呼気採取器法 　検知管に通した呼気100mL（1回吸引2分間）清浄な 　空気100mL（1回吸引2分間）合計4分間 □ 非分散型赤外線式（DPA） 　　　　　　　　　　　　　　製造番号				
質問応答状況	名前は			飲んだ理由は			
	生年月日は			どこで飲みましたか			
	住所は			誰と飲みましたか			
	職業は			どんな酒を飲みましたか			
	今日は、何日で、今何時頃ですか			どのくらい飲みましたか			
	何時頃から何時頃まで飲みましたか			誰の車ですか			
見分状況 （〇印のもの）	言語状況	普通　大声　くどい　しどろもどろ　悪口　雑言　泣声 しゃべれない　沈黙					
		言葉の具体的内容					
	歩行能力	約10mを真っすぐ歩行させたところ	正常に歩行した		酒臭	顔面より約30cm離れた位置で なし　　かすか 弱い　　強い	
			異常歩行	ふらつく 左右にふれる 歩行不能			
		歩行を拒否した					
	直立能力	約10秒間直立させたところ	直立できた		顔色	普通　赤い　青い	
			秒でふらついた		目の状態	普通　充血　涙目	
			秒で足を踏み出した		手の状態	普通　震える 震えが目立つ 硬直	
			直立できない				
		直立を拒否した					
	態度	普通　陽気　じっとしていない　すぐつっかかる　暴れる					
	その他						
調査日時場所		年　　月　　日　午前・後　　時　　分　頃 　　　　　　　　において上記のとおり見分した。					
作成の月日 作成者		年　　月　　日 司法　　　　　　　　　　　　　　　　課隊署 　　　　　　　　　　　　　　　　　　　　㊞					

備考　用紙の大きさは、日本産業規格Ａ４とする。

图3　醉酒、酒驾鉴别卡

【例题3】X因向Y转让手枪，违反《枪炮刀剑类持有等管制法》的诉因被提起公诉，就事实存在争议。检察官申请调查刑事警察K制作的"侦查报告书"证据。K在Y知情的情况下用IC录音机对X与Y在咖啡馆里交涉买卖手枪并达成协议的对话内容进行了录音。该报告书记载了录音里两人的对话内容。其证明内容是"X向Y转让涉案手枪的两人间对话的存在及其内容"。对于该申请，辩护人发表了"不同意"的意见。法院可以采用该报告书作为证据吗？

【答】本例题是将平成22年司法考试真题简化后的例题。该报告书的待证事实是X和Y之间就转让手枪的问题存在交涉，并达成了协议。若以此为目的，证明报告书作为K的陈述代用文书属于传闻证据。但是，K的对话录音和将录音记录成文字的过程可以看作一种实地确认。因此，适用《刑诉法》第321条第3款，如果K作出真实制作证言，即可以作为证据采用。此外，仅报告书中记载的X和Y之间对话的存在及内容就构成转让手枪的间接证据，所以该对话不是陈述证据。因此，其不属于再传闻证据。然而，在这种情况下，将录音的记录载体作为证据的同时，还应通过K的证言证明其关联性才能更好地实现根据直接证据的证明，因此没有必要使用该报告书。

（二）私人制作的报告书

《刑诉法》第321条第3款规定，属于传闻例外的勘验笔录的勘验实施主体仅限于"检察官、检察事务官或者刑事警察职员"，即侦查机关。为此，侦查人员以外的人作出的实地确认结果记录的使用就成为问题。

【例题4】X在驾驶汽车时疏忽大意没有看到红灯而驶入十字路口，与V的车相撞并致使V死亡，被以过失驾驶致人死亡的诉因提起公诉。X主张自己在驶入十字路口时自己一侧的信号灯刚由绿灯变为黄灯，所以继续开了过去。控方证人W作证称自己目击了这场事故，当时被告人一侧的信号灯是红灯。辩护人以"W证言的不合理性"为证明内容，申请调查辩护人的助手A制作的"目击再现实验报告书"的证据。其内容是在现场的十字路口，如果再现W的目击证言，从W当时所在的地点看不到X方的信号灯。检察官对于该证据申请发表了"不同意"的意见。辩护人可以通过让A作为证人作出真实制作证言，而使法庭采用该报告作为证据吗？如果不能的话，如何才能使A的实验结果作为证据使用？

【答】最决平20·8·27刑集62卷7号2702页（燃烧实验报告书案件）认为，《刑诉法》第321条第3款的适用对象仅限于侦查机关制作的书面材料，私人制作的报告书不能成为第3款的适用对象。[①]因此，为了利用A的实验结果，就需要申请对该人进行证人询问。如果报告书里有图画或照片，可以根据《刑诉规则》第199条之12的规定，通过向A出示报告内容并对其进行询问的方法，将这些信息纳入证言中。[②]

如果该规定的适用对象仅限于作为强制措施的勘验笔录，那么其制作主体自然也仅限于侦查机关。但是，如果像判例那样，将该款的适用对象扩大到包括作为任意侦查的实地确认笔录，那

[①] 但是，如后文所述，该判例就案件中的报告书准用了《刑诉法》第321条第4款的规定。

[②] 最决平23·9·14刑集65卷6号949页（出示被害再现照片案件）参照。

么限定制作主体的必要性将成为问题。如果说限定制作主体有实质性的根据，那就是对侦查机关熟练度的信任。然而，一方面，即使是侦查人员，对实地确认的熟练度也是因人而异的。另一方面，有些公民个人，如退休的警察，也能熟练地进行实地确认。因此，一律以侦查人员和公民个人进行区分是否合理，仍值得商榷。[①]另外，判例中的这种解释意味着检察官一方与被告人、辩护人一方在举证方面不具有平等的武器。也就是说，判例一方面将该规定中"勘验"的意思作扩大解释；另一方面，就勘验主体维持字面解释，这就使得难以解释该规范的合理性。

三、真实制作证言

（一）陈述人的含义

为了满足《刑诉法》第321条第3款的要件，需要"陈述人"作出真实制作证言。该陈述人是指亲自进行勘验或者实地确认，记录其结果并制作笔录的人。

【例题5】X因在路上殴打V并致其受伤的诉因被提起公诉，就事实存在争议。检察官以"现场的状况"为证明内容，申请调查刑事警察K制作的实地确认笔录证据。对现场进行实地确认时目击者W在场，笔录中也记载了"我在图中①的位置时，看到一

---

① 上口裕『刑事訴訟法〔第5版〕』（成文堂、2021年）379-380頁参照。另外，東京高判平26・3・13判夕1406号281頁认为，由税务人员进行的违反规则案件的调查因与侦查机关进行的犯罪侦查具有相似的性质，因此，如果与记载勘验结果的书面材料性质相同，即使是其调查过程中制作的书面材料，诸如发现的药物的照片摄影报告书，也包含在《刑诉法》第321条第3款的书面材料中。

男子在②处殴打了另一男子的脸"等W所作的说明。对于该证据申请，辩护人表示不同意的意见时，检察官为了满足传闻例外的要件，应当申请对谁进行证人询问？

【答】由于勘验笔录或实地确认笔录是制作人的陈述书，所以《刑诉法》第321条第3款的"陈述人"是指制作人，即K。检察官应当申请对K进行证人询问。对于这种情况，学生可能会误认为进行了指认说明的见证人W是"陈述人"，因此需要格外注意。另外，关于对这种见证人的指认说明的处理将在下一章中详细讲解。

(二)"真实"的含义

根据法条规定，真实制作证言必须是以"陈述（勘验笔录）是真实制作"为内容的证言。当然，证人需要作证该笔录与自己制作的书面材料一致。就这一点而言，与民事诉讼中证明书证的成立相同。但是，如果证言内容仅限于此，则辩护人就无法对笔录内容的正确性进行事后的交叉询问。这是因为，原则上应当针对主询问中出现的事项进行交叉询问（《刑诉规则》第199条之4第1款）。辩护人不同意将实地确认笔录作为证据采用通常是为了质疑笔录内容的证明力，而不是质疑笔录的有效性。因此，一般认为，真实制作证言的含义应延伸至切实地进行了实地确认，以及准确地记录了观察结果。

【例题6】在例题5的案例中，检察官申请对K进行证人询问，法官同意。检察官对证人K进行了主询问。在询问了几个前提性问题后，检察官向证人出示了实地确认笔录，并问道："这份实地确认的结果是你写的吗？"证人K回答："是的，这是我制作的笔录。"

于是，检察官对法官说："主询问完毕。"这样合适吗？

【答】K的证言内容尚不足以构成真实制作证言。检察官应当在进一步询问实地确认和制作笔录的过程之后，向证人确认记载内容的准确性。在简单的案例中，对于该询问仅需要进行简洁的问答。相反，倘若实地确认是在特殊设定下进行的，如侦查实验，则还需要让证人对其方法进行具体的说明。

如果证人真实制作证言与交叉询问的结果，不能使法院得出该书面材料具有与勘验笔录相当的可信性的结论，则不满足《刑诉法》第321条第3款的要件，应当驳回证据申请。[1]但是，实务中多数情况都认定其满足第3款的要件，在采用笔录的基础上，同时考量交叉询问的结果，以此评价其证明力。

（三）真实制作证言的时间

法条要求"在审判期日"作出真实制作证言。但是，司法实务中的通说认为，也可以在审判准备的证人询问程序中作出。[2]这是因为审判准备的证人询问程序也保障了当事人的交叉询问权，所以根据《刑诉法》第321条第2款的规定，此阶段的证言记录具有证据能力。

问题在于是否可以在审判前整理程序中作出真实制作证言。审判前整理程序也是审判准备的一种（《刑诉法》第316条之2第1款）。而且，审判前整理程序可以决定证据的采用与否（《刑诉

---

[1] 植村立郎「実況見分調書について」法曹時報70卷12号（2018年）3345页也是大致相同的意见。

[2] 松尾浩也監修『条解刑事訴訟法〔第5版〕』（弘文堂、2022年）942页。

法》第316条之5第7项）。出于作出决定的需要，必要时也可以对证人进行询问，作为对事实的调查（《刑诉法》第43条第3款、《刑诉规则》第33条第3款）。如此一来，似乎可以在审判前整理程序中作出真实制作证言。

【例题7】X因深夜在公园对V实施抢劫并致使其受伤的诉因被提起公诉。法院对案件适用了审判前整理程序。检察官申请调查的证据中包括：①载有W的目击陈述的检面笔录。在笔录中，W称行凶者是X。其证明内容是"目击状况"。②另外，检察官申请调查的证据中有刑事警察K制作的实地确认笔录。这是K等人在案发公园、与案件发生相同的时间，W在场时进行的实地确认报告，证明内容是"现场的状况及目击的可能性"。辩护人发表了"不同意"的意见。检察官申请对W和K进行证人询问。法院同意对W进行证人询问，并且向当事人表达了希望在审判前整理程序中让K作出真实制作证言的意向。法院的该提案是否合适？

【答】在这种情况下，在审判前整理程序中作出真实制作证言是不合适的。辩护人对检察官申请调查实地确认笔录证据持反对意见，应该并不是为了质疑该笔录的有效性。辩护人是想要质疑包括案发公园的亮度等在内的、W的目击陈述的可信性。如果是这样的话，法院采用该实地确认笔录证据时，应当在考虑辩护人对K的真实制作证言进行交叉询问的结果的情况下再判断其证明力。对K进行证人询问不单是为了采用实地确认笔录证据的形式，也是提供形成实体性心证的机会。K真实制作证言应当在裁判员也在场的法庭审判中进行。①

---

① 山崎学『公判前整理手続の実務〔第2版〕』（弘文堂、2020年）51頁参照。

四、鉴定书的传闻例外

（一）法律规定

《刑诉法》第321条第4款关于"记载鉴定的经过和结果的书面材料中鉴定人制作的部分"在与第3款相同的条件下属于传闻例外。换言之，当作为"陈述人"的鉴定人在审判期日接受询问，并陈述"是真实制作"，鉴定书才会被赋予证据能力。

该规定是基于如下的考量：关于鉴定结果，较之依赖记忆的鉴定证言，书面总结的鉴定书更加准确，且有时也更容易理解，以及如果在陈述真实制作时进行事后性交叉询问，便可以此来斟酌其证明力。但是，特别是在裁判员审判中，听取鉴定人的口头说明比书面材料更容易理解。这时鉴定书则反而会成为辅助性材料。

（二）对象

如果严格地解释本法条的措辞，其对象仅限于根据《刑诉法》第165条规定的法院或者法官指令鉴定人制作的书面材料。立法者大概认为，鉴定人根据《刑诉法》第166条进行宣誓，并承担虚假鉴定罪的制裁是可信性的情况性保障。但是，判例认为，根据《刑诉法》第223条第1款接受侦查机关委托的鉴定受托人制作的书面材料可以"准用"该法条。[1]甚至认为医生制作的诊断书也可以准用《刑诉法》第321条第4款。[2]其结果是，只要是

---

[1] 最判昭28·10·15刑集7卷10号1934页（委托鉴定书案件）。
[2] 最判昭32·7·25刑集11卷7号2025页（诊断书案件）。

陈述了专业性判断的书面材料，即使不经过宣誓也可以准用本款规定。这种解释源于以下观点，即不论是鉴定人还是鉴定受托人在运用专业知识进行判断上都是相同的。其背后的另一个原因是，根据《刑诉法》第179条的规定，侦查人员不能申请作为证据保全的鉴定。如果接受被告方的委托制作的鉴定书也进行同样的适用，至少不违反武器对等的原则。以下将基于这类判例的法理进行讲解。

【例题8】X因伤害V的诉因被提起公诉，但X主张自己是正当防卫。辩护人计划以"被告人受伤"为证明内容，申请调查案发当日给X看病的外科医生D制作的诊断书的证据。对于该申请，检察官不同意适用《刑诉法》第326条第1款时，辩护人应该如何应对？

【答】依照判例，医师的诊断书也准用《刑诉法》第321条第4款的规定。因此，如果检察官不同意采用证据，则辩护人为了得到真实制作证言应当申请对D进行证人询问。

【例题9】X以从保险公司骗取火灾保险金为目的，将自己管理的店铺放火烧毁，被以非住宅建筑放火的诉因提起公诉，但X否认放火这一指控。检察官为了推定放火的时间，申请调查G制作的"燃烧实验报告书"证据。报告内容是通过实验推测建筑物内的火势发生爆发性增大的闪过现象是该店铺起火后经过了多长时间发生的。G在担任了15年消防员后又在调查火灾原因的公司工作了5年，合计从事了近20年的火灾原因的调查、判定工作。辩护人对该申请发表了"不同意"的意见。检察官为了让G提供真实制作证言，申请进行证人询问。法院可以根据《刑诉法》第321条第3款或者第4款采用该报告书吗？

【答】本例题是基于前述最决平20·8·27刑集62卷7号2702页（燃烧实验报告书案件）的案例。首先，G不是第3款列举的拥有侦查权限的人，按照判例不能根据第3款被采用。但是，G可以被评价为调查火灾原因的专家，因此可以准用第4款而被采用。判例也认可这种处理方式。这种处理也应同样适用于辩护人委托专家制作的报告书。

（三）真实制作证言的方法

实务中，关于鉴定书的真实制作证言有两种方法。其一，为了指令鉴定人鉴定，作为鉴定人询问程序的延续而进行的方法。其二，将鉴定书制作人作为证人予以采用并使其作证的方法。实际上采用第二种方法的案例更多。[①] 对于正规的鉴定人以外的人制作的鉴定书，由于没有指令鉴定的程序，因此都采用第二种方法。

【例题10】X因对V抢劫杀人的诉因被提起公诉，但X主张自己不是罪犯。检察官以"被告人所穿衣服上附着的血迹以及V的DNA类型"为证明内容，申请调查以鉴定受托人G教授名义制作的鉴定书的证据。该鉴定书的内容是被告人所穿衣服上附着血迹的DNA类型与V的DNA类型一致。因辩护人对该申请发表了"不同意"的意见，检察官申请对G进行证人询问。对于主询问，证人G作证称，该鉴定书是自己作出的判定报告，内容是准确的。但是，在交叉询问中，G作了如下证言："我让法医学系的助教A来比对V的DNA类型与被告人所穿衣服上附着血迹的DNA类型是否一致。我指示A应该比对DNA的哪些部分，并将判定的实施

---

① 松尾浩也监修『条解刑事訴訟法〔第5版〕』（弘文堂、2022年）944页。

工作全部交给了A。之后，我看了A起草的鉴定书草案，确认程序正确之后便盖了章。"法院可以采用该鉴定书作为证据吗？

【答】如果依照判例，根据《刑诉法》第321条第4款的要件，鉴定受托人的鉴定书也可以作为传闻例外被采用。但是，如果G教授将DNA的比对工作交给A实施而没有亲自进行判定的话，就不能说是自己进行的鉴定，因而不属于真实制作证言。因此，不能采用该鉴定书作为证据。①

但在有些实务案例中，将鉴定工作交给他人与在助手协助下亲自进行鉴定的区别并不明显。

五、小结

《刑诉法》第321条第3款和第4款是就记载了勘验结果的书面材料和鉴定书的陈述书，以保障法庭上的事后交叉询问的机会为条件认可传闻例外。根据判例，第3款也适用于侦查机关进行的实地确认报告书，第4款通常也准用于严格意义上的鉴定人以外的人报告的专业性判断的书面材料。这些法条中的真实制作证言还应当声明报告内容的准确性和恰当性。

在下一章中，将对实地确认笔录中出现较多问题的见证人的指认说明进行详细的讲解。

---

① 石井一正『刑事実務証拠法〔第5版〕』（判例タイムズ社、2011年）202-203页参照。

第七章

实地确认笔录与见证人的指认说明

一、实地确认的目的与见证人的说明

无论是《刑诉法》第128条和第218条第1款规定的勘验，还是在传闻例外的适用中被视为与勘验相同的实地确认，都是勘验人通过观察勘验对象，从其状态中获得信息并予以记录的行为。与此相对，《刑诉法》第198条和第223条规定的讯问、询问是通过向某人提问，并从其回答也就是陈述中获取信息的行为。勘验、实地确认是从包括人体在内的物体中获取信息的手段，而讯问、询问是获取基于人的记忆所作的陈述信息的手段。两者的性质完全不同。

但是，在实际侦查过程中，进行实地确认时大多会让犯罪嫌疑人、目击者和被害人等在场并进行说明。《犯罪侦查规范》第105条第1款规定："实地确认笔录的记载内容应力求客观，即使要求犯罪嫌疑人、被害人及其他相关人员进行说明的情况下，也必须注意记录内容不得超出其指认说明的范围。"[①]也就是说，实地

[①]《犯罪侦查规范》第157条第1款也准用于勘验。

确认意味着以相关人员可以在场为前提，要求见证人进行说明，并将其说明记入笔录。由于该记录不是为了将见证人的陈述作为证据所作的记载，因此一般司法实务中没有要求见证人确认并签名、盖章的程序。[①]

进行实地确认时，让经历了案件的人在场并要求其进行说明的目的并不是进行现场讯问、询问。见证人的作用是在实地确认中指出应当特别注意的问题。例如，假设目击者在进行实地确认时在场，并说明称"我到达这个地方的时候，看到在前面那个街灯下，一名男子正在抢一名女子的提包。"据此，重要的是在示意图中记录该地点和街灯的位置，并确认它们之间的距离，以及有无妨碍视线的障碍物等。如此才能够得到有效的实地确认。此外，还需要在笔录中记录该目击者的说明，以便了解记录该地点的原因。

然而，从这个例子中也可以看出，见证人的说明无非也是一种陈述。这样的话，实地确认时要求见证人进行说明有可能在实质上变成讯问、询问。如果该见证人的说明被用于推断发生了与其说明相符的事实根据，则该说明就成为传闻证据。而且，由于侦查人员记录的见证人陈述笔录是以见证人陈述为内容的侦查人员的陈述书，因此属于再传闻。《刑诉法》第321条第3款规定的传闻例外不包括这类再传闻证据。这就是考虑使用实地确认笔录中的见证人指认说明记录的出发点。

[①]《犯罪侦查规范》第105条第2款规定，"超过犯罪嫌疑人、被害人及其他相关人员的指认说明范围，特别需要在实地确认笔录中记录其陈述时"，按照讯问、询问与陈述笔录制作的法定方式，要求见证人签名、盖章。但是我没有看到过见证人签名、盖章的实地确认笔录。即使有这样的司法实例，恐怕也非常少。

二、指认说明记录的使用

（一）判例

最判昭36·5·26刑集15卷5号893页（指认说明记录案件）认为，这类实地确认笔录中的见证人的指认说明记录作为实地确认笔录的一部分，在满足《刑诉法》第321条第3款的要件时成为传闻例外。对其理由的说理如下："（在进行实地确认的过程中）要求见证人指认、说明……只不过是实地确认的一种手段，这与讯问犯罪嫌疑人及询问犯罪嫌疑人以外的人、要求其作出陈述的性质不同。因此，在实地确认笔录中记录上述见证人的指认、说明，归根结底无非是记录实地确认的结果。"其实该说理直接说明的问题是不需要见证人的签名、盖章的原因。判例还进一步说明，之所以不需要对见证人进行证人询问，"是因为并不是对作为见证人的犯罪嫌疑人或者犯罪嫌疑人以外的人的陈述记录本身进行采证"。该判例可以理解为见证人的指认说明其本身并不是作为见证人的陈述证据来使用，而是为了能够明确实地确认的过程，理解实地确认笔录的意思而记载。因此，其作为勘验笔录的一部分，属于传闻例外。

【例题1】X因在路上撞倒女子V并使其无法反抗，强取了其手包的抢劫的诉因被提起公诉，但X否认指控的事实。检察官以"现场的状况"为证明内容，申请调查刑事警察K制作的实地确认笔录的证据。进行该实地确认时，X和目击者W均在场。该实地确认笔录中附有犯罪现场周边地区的示意图。该示意图中有①和②两处地点标记，显示两者之间相距15米。而且，该笔录记载着"见证人W指认说明称'我当时站在①的位置，看到X在前方②处将一女子撞倒并抢她的手包'"。对于该申请，辩护人发表了"不同意"的意见。检察官申请对K进行证人询问，法院同意。K在审判期日作为证人，陈述了该实地确认笔录是由自己正确制作。检察官随后再次根据《刑诉法》第321条第3款的规定申请采纳该实地确认笔录作为证据。对此，辩护人阐述了实地确认笔录中记载W说明的部分是再传闻证据，因此该部分不应当被采纳的意见。法院应该如何处理？

【答】W的指认说明记录具有表明K注意到①和②的地点并在示意图中特别确认的理由的意义，是说明实地确认过程的记载。法院应当根据《刑诉法》第321条第3款的规定，将包含该部分的实地确认笔录作为传闻例外采用。

（二）现场指认与现场陈述的区别

有观点将实地确认笔录中记载的见证人陈述分为现场指认和现场陈述，认为现场指认可以作为勘验笔录的传闻例外被准许作为证据使用，而现场陈述则不包含在《刑诉法》第321条第3款规定的传闻例外之内。这里所说的现场指认是指为了明确实地确认的内容，对必要限度内的见证人陈述进行的记录；而现场陈述则是指超过必要限度的、在实地确认现场的陈述。前述《犯罪侦查规范》第105条第1款要求实地确认笔录中不得记录见证人的现场陈述。

但是，侦查实务似乎并没有严格遵守犯罪侦查规范的要求。实际的实地确认笔录中，记录了相当于现场陈述的见证人陈述的例子并不少见。根据侦查人员指导手册的指导，在实地确认笔录中记载见证人的说明时，其记录方式不能是"我在①地点干了××"，而是"我干××是在①地点"。[①]这样的指导作为不记录多余的现场陈述的方针，可能具有一定的效果。然而，措辞上的差异并不是其本质问题。真正的区分标准在于该现场陈述对于明确实地确认的内容是否不可欠缺。

勘验和实地确认的目的是通过勘验人直接观察对象物来采集和记录信息，而不是以人的记忆为媒介的信息。因此，有必要明确实地确认的内容，这是指有必要明确确认人为何关注实地确认笔录中所记录的对象的某一部分。

【例题2】例题1的案例中，在实地确认笔录中W的指认说明记录之外，还记载了"当时，她为了不被抢走手包进行了抵抗，但是再次被撞飞后就放手了"。如果法院采纳该实地确认笔录作为证据，辩护人应对此提出什么反对意见？

【答】这是记载现场陈述的例子。辩护人应当提出如下异议：这部分记载并不是为了明确实地确认的过程和内容所必需的陈述的记录，因此根据《刑诉法》第321条第3款的要件，不能作为证据被采用。

当目击者成为见证人时，实地确认笔录中也会记载诸如"当时周围的灯光很亮，所以我看得很清楚"等有关用眼睛确认的条件的说明。这也是一种现场陈述。

现场指认和现场陈述之间的区别作为制作实地确认笔录的准则具有意义。然而，这并不意味着现场指认当然会成为传闻例外。只有当见证人的现场指认是用于理解实地确认过程和笔录的意思

[①] 猪俣尚人『新実況見分調書記載要領〔改訂版〕』（立花書房、2011年）14頁。

时，该现场指认记录才可以作为实地确认笔录的一部分被采纳为证据。即使是作为现场指认的见证人陈述，如果用于推认存在如该陈述所述的事实，实质上就变成现场陈述。①而这又会成为再传闻证据，不能作为勘验笔录的一部分作为证据采用。上述指认说明记录案件的判例中所指出的"并不是对陈述记录本身进行采证"也是这个意思。

【例题3】在例题1的案件中，采用实地确认笔录的法院可以从该实地确认笔录中W的指认说明推认W目击了X对V的犯罪行为吗？

【答】不可以。指认说明记录的这种使用方法等于是将K记录的W的陈述作为陈述证据使用，是再传闻证据，超出了《刑诉法》第321条第3款的容许范围。

（三）应用问题

平成25年司法考试真题是思考运用实地确认笔录的指认说明记录的好素材。以下大体上按照原题对该例题进行思考。②

【例题4】在侦查X涉嫌刺杀V的杀人案件的过程中，刑事警察K在H公园的现场，进行了W作为见证人的实地确认。该实地确认的目的是明确W目击了犯罪行为的情况，以及W能够目击犯罪行为，K根据需要要求W说明的同时，对其说明的情况拍摄了照片。

---

① 松尾浩也监修『条解刑事訴訟法〔第5版〕』（弘文堂、2022年）941頁。
② 实际的题目是以实地确认笔录本身作为资料。如果参见该资料，则设例的意义在视觉上更容易理解。

在该实地确认中，W就目击犯罪行为的情况进行了说明："就像这样，一名罪犯右手持菜刀刺中了被害人的胸口。"根据该说明，刑事警察K让两名警察（一人扮演罪犯、一人扮演被害人）站到W指认的罪犯和V的站立位置再现犯罪行为，并从一米外拍摄了这一情况的照片。事后K制作了附有该照片并记录了W的说明内容的【附件1】。

另外，W同样在实地确认中就能够目击犯罪行为，表示"我目击犯罪行为时所站的位置是这里"，并在指认该位置后，站在该位置说："像这样，从我目击时所站的位置能够充分看到犯罪行为的情况。"听了这一说明后，刑事警察K站在W指认的其目击时所站的位置，以确认能否看到站在W指认的罪犯和V所站的位置的两名警察再现罪犯行为的情况。其结果，从K所站之处到两名警察所站之处之间没有遮挡视线的障碍物，且因进行再现的两名警察被街灯照着，K能够充分确认两名警察再现的情况。于是，K从W指认的目击当时W所站的位置，即距离两名警察所站位置约8米远的位置对两名警察再现情况拍摄了照片。事后K制作了附有该照片并记录了W的说明内容和自己的观察结果的【附件2】。

K制作了附有【附件1】和【附件2】的实地确认笔录。

在起诉后的审判前整理程序，检察官以"①犯罪行为的情况和②W能够目击犯罪行为"为证明内容，申请调查该实地确认笔录的证据。对此，辩护人发表了"不同意"的意见。检察官申请询问证人K，法院同意。在审判期日，K作证该实地确认笔录是自己正确制作的。检察官根据《刑诉法》第321条第3款的规定，再次申请采纳该实地确认笔录作为证据。法院应否采纳？

【答】由于制作人刑事警察K提供了真实制作证言，根据《刑诉法》第321条第3款的规定，该实地确认笔录本身是可以采纳为证据的。问题在于【附件1】和【附件2】的内容作为实地确认笔录的一部分是否具有证据能力。从各自的内容来看，可以得知【附件1】对应证明内容①，而【附件2】对应证明内容②。

首先，①中"犯罪行为的情况"的证明内容本身就不适合作为实地确认笔录的证明内容。之所以这么说，是因为其不是K观察的犯罪行为本身。勘验笔录原本是将勘验人直接观察的结果作为信息予以报告的书面材料。进行实地确认的人不可能报告其没有进行观察的事实。尽管如此，如果要利用【附件1】来推认犯罪行为的情况，唯一的办法就是将基于见证人W记忆的陈述作为证据。[①]【附件1】中的W的说明是W的陈述。【附件1】中所附的照片是显示W的陈述内容的陈述照片。换言之，【附件1】整体上是由K记录的W目击陈述的资料。将其作为推认"犯罪行为的情况"的证据使用就等于是作为再传闻证据的使用。因此，不在《刑诉法》第321条第3款规定的传闻例外范围内。W的该陈述不符合第321条第1款第3项的要件，所以根据第320条第1款的规定，【附件1】不能被采纳为证据。

作进一步严谨探讨，该案例还会存在这样的疑问，即【附件1】中的照片难道不也是扮演罪犯和被害人的警察们通过动作所作的陈述的记录吗？然而，在实地确认现场，W确认了该再现情况，并陈述与自己目击到的情况相同，因此可以认为警察们再现的情

---

① 注意到这个构造是解决本问题的关键。从作为司法考试真题来看，应该是有不少案例申请以这样的见证人的说明作为陈述证据使用为前提的证明内容来调查实地确认笔录的证据。

况整体上体现了W的陈述内容。总之，不能采用【附件1】作为证据。

与之相对，由于【附件2】的内容基本上是对K自己视线确认可能性的观察结果报告，因此作为实地确认笔录的一部分具有证据能力。照片也是K用图像代替语言进行报告的手段。W所作的"我目击犯罪行为时所站的位置是这里"的说明记录也是为了表示K为什么从该位置进行观察的现场指认，因此可以作为实地确认笔录的一部分作为证据采用。

为慎重起见要补充说明，从该实地确认笔录中无法推认出案件发生时W站在该地点，以及在W指认的场所发生了犯罪行为。这是因为若要进行这样的推认，就需要将W的陈述作为陈述证据使用。因此，检察官应当另外通过W的证言等证明其前提事实。只有该证明成立时，该实地确认笔录才具有作为体现"目击可能性"的证据使用的意义。另外，【附件2】记录的W所作说明中，"像这样，从我目击时所站的位置能够充分看到犯罪行为的情况"就是现场陈述。由于这部分不是K自己的观察所得的结果，所以不能作为证据采用。

三、再现实地确认笔录的使用

（一）证明"再现情况"的情形

实地确认笔录中的见证人指认说明记录的使用问题源于实地确认报告中混入了见证人的陈述，而该见证人陈述并非出于勘验人自己观察。更进一步而言，实地确认的方法在实际中有时为了达到获取陈述的目的而被使用。这就是再现实地确认。

第七章　实地确认笔录与见证人的指认说明

再现实地确认中，要求犯罪嫌疑人或者被害人通过动作再现犯罪行为或者被害情况，再由侦查人员将该过程拍照。将其结果以实地确认笔录或者照片摄影报告书等为标题汇总的书面材料就是再现实地确认笔录。该笔录中除了记录再现的过程，还附有拍摄的再现动作照片，在照片处记载再现人诸如"如照片所示，我做了××（我被××了）"的说明。再现时如果需要演对手戏的人，则既可以由警察扮演，也可使用人体模型。

检察官申请调查这样的再现实地确认笔录的证据时，多以"犯罪行为再现情况"或者"被害再现情况"为证明内容。但是，即使证明了被告人或者被害人进行了这样的再现，仅凭此也不会对事实认定产生作用。这就是在第一章例题10中探讨过的问题。这里将再一次进行探讨。

【例题5】X在电车中对坐在旁边的女子V实施了性骚扰，被以违反东京都条例的诉因提起公诉，但X否认诉因的事实。检察官申请调查刑事警察K制作的实地确认笔录证据。该笔录是记录了在警察局将并在一排的折叠椅当作电车座位，由一名警察扮演被害人，让当时承认犯罪嫌疑的X再现犯罪行为的资料。笔录在记录了再现过程的基础上，附上了五张拍摄了五个场景的照片，每张照片分别记录了诸如X做出了"我像这样摸了邻座女性的大腿"等内容的说明。

此外，检察官还申请调查K制作的照片摄影报告书的证据。该报告书是拍摄了在警察局内将并在一排的折叠椅当作电车座位，V再现被害情况的照片的报告。罪犯由一名女警察扮演。除了记录了再现的过程，还拍摄了再现场景的五张照片，每张照片分别记录了V所作的诸如"我就这样被罪犯摸了"等说明。

检察官就实地确认笔录提出的证明内容是"被告人再现犯罪行为的情况"，照片摄影报告书提出的证明内容是"被害再现情况"。这些书面材料的待证事实是什么？

【答】即使证明了被告人再现了该实地确认笔录记录的犯罪行为，仅凭此也不会对事实认定产生作用。在此基础上只有通过推认被告人实施了与再现情形一样的行为，该信息才具有意义。所以这才是待证事实。同样，关于V的再现的待证事实也是受到了与再现内容相同被害的事实。最决平17·9·27刑集59卷7号753页（性骚扰再现报告书案件）也是与之几乎相同的案例，也是提出了同样的待证事实。

也有学者批评这样的判例，认为这种确定待证事实的方法违反了申请调查证据的检察官的意图。但是，如果说这个案件的两份侦查文书存在对事实认定有用的信息的话，那就是源于X或者V的记忆的信息。除此以外没有通过观察事物得到的信息。因此，只要不期待这些记忆的表达是正确的，就对事实认定没有意义。也就是说，这些再现实地确认是以采集和记录通过动作所作的陈述为目的的侦查活动，相较于通过观察事物获得有用信息的勘验的性质，主要具有获得陈述的讯问、询问的目的的性质。判例对此表述为"侦查人员以明确被害人、犯罪嫌疑人的陈述内容为主要目的，……让其再现"。因此，只要不是将再现动作作为陈述证据进行推论，那么这些文书就是没有关联性的资料。因此，这些文书是由K采集的X或者V的陈述记录，其主要部分属于再传闻证据。

【例题6】在例题5的案例中，对于检察官的证据申请，辩护人发表了不同意的意见。如果有K的真实制作证言，能够认可这些书面材料的证据能力吗？

【答】K的真实制作证言使其满足《刑诉法》第321条第3款的要件。但是，根据第320条第1款的规定，成为再传闻证据的部分被禁止，因此不能仅因其满足《刑诉法》第321条第3款的要件就对其予以采用。如果要采用该部分证据，就需要有其他使其成为传闻例外的根据。[①]首先，记录X或者V的说明部分由于没有陈述人的签名、盖章，无法适用第322条第1款或者第321条第1款第3项的规定。这些照片是体现X或者V通过动作所作的陈述的陈述照片。因照片是通过机器所作的记录，所以不需要X或者V的签名、盖章要件。X的再现照片是被告人的自白记录，如果任意性没有争议，则其作为第322条第1款规定的对不利事实的承认而成为传闻例外。与之相对，除非V陈述不能，否则V的再现照片就不具备第321条第1款第3项的要件。上述判例也是这样判断证据能力。[②]

像这样，如果该案例中的再现实地确认实质上只是为了采集通过动作所作的陈述的讯问、询问，那么反过来就会出现这样的疑问，即，为了将X的再现照片作为证据，是否需要K的真实制作证言？

【例题7】在例题5的案例中，为了将再现犯罪行为的实地确认笔录中的拍摄了X动作的照片作为证据，需要K的真实制作证言吗？

---

① 关于再传闻证据将在后面进行详细解说。在这里是以即使是再传闻证据，如果各个陈述过程具备传闻例外的要件也可以采用的理解为前提。

② 作为同类型案例的最高法院判例有最决平27·2·2判时2257号109页。

【答】这是一个很有难度的问题。也有观点认为不需要真实制作证言。其理由可以作如下理解：如果像该判例这样理解待证事实，因再现实地确认笔录就是讯问、询问过程的记录，所以不需要勘验笔录所需的真实制作证言。另外，由于照片的拍摄过程不是陈述的过程，所以被告人再现犯罪行为的照片可以等同于被告人的陈述书。因此，仅根据《刑诉法》第322条第1款的要件就可以成为传闻例外。

但是，判例似乎是认为理应需要K的真实制作证言。由于判例没有对其理由进行说明，所以必须想象其背后的逻辑。要求通过动作作出陈述的行为确实具有讯问、询问的性质。而且记录语言陈述的行为并不是勘验。但是，将再现人的动作拍摄成照片予以记录的过程具有勘验和实地确认的性质。因此，如果认为为了赋予照片证据能力需要拍摄者的真实制作陈述，那么该判例就可以解释得通。[①]

从其他的角度可以理解为用语言进行的陈述的记录之正确性由原陈述人签名、盖章的要件作担保，而通过动作所作陈述的记录之正确性则由真实制作证言担保的平行性构造。这种通过动作所作的陈述的记录之正确性的确认包含拍摄场景的选择取舍和拍摄角度的适当性，再现过程中有无诱导，再现人对其再现的场景认识到何种程度，而哪里缺乏认识[②]等要素。通过要求真实制作证言，可以对这些要素进行交叉询问。关于这种陈述照片的真实制作证言还具有证明照片关联性的功能。

[①] 这样的理解对思考被告人再现犯罪行为录像的证据能力要件也具有重要意义。
[②] 例如，再现人在注意上半身动作的情况下，没有注意脚的位置。

第七章 实地确认笔录与见证人的指认说明 131

【例题8】一起涉嫌抢劫杀人未遂案件的被害人V在检察官P的询问过程中陈述称："犯人挥起高尔夫球杆，砸在了我的头上。"检察官记录下该陈述内容，制作了有V签名、盖章的检面笔录。在此基础上，P以V为见证人，在询问室内进行了实际情况的确认。当时，P准备了与被认为是用于犯罪的高尔夫球杆同型号的高尔夫球杆，将检察事务官S当作犯人，要求V对被害情况进行说明并再现，且拍摄了其再现情况的照片。此后，检察官将这一结果制作成实地确认笔录。该笔录中附有一张S用右手握着高尔夫球杆，朝着V的头部挥下高尔夫球杆的场景的照片，照片下面记载着："见证人解释说：'像这样，凶手用右手拿着的高尔夫球杆击打了我的头部。'"案件提起公诉后，在审判前整理程序中，检察官申请对V的检面笔录和实地确认笔录进行证据调查。前者的证明内容是"被害情况"，后者的证明内容是"被害再现情况"。对此，辩护人发表了"都不同意"的意见。在审判前整理程序中，V遭遇交通事故去世。这份实地确认笔录具有证据能力吗？

【答】这是将令和5年司法考试真题稍作修改后的例题。首先，与第一章例题10和本章例题5相同，该实地确认笔录的实质性待证事实是V受到了如再现内容所示的被害。那么，即使检察官P作为制作人按照《刑诉法》第321条第3款的要求作出真实制作证言，记录了V的陈述的部分也会成为再传闻证据，因此不能仅根据真实制作证言就获得证据能力。原陈述人V没有签名、盖章的说明记载部分也不属于其他传闻例外。（本章例题6）。与此相对，如上述最决平17·9·27所示，作为记录通过动作所作的陈述的照片，即使没有再现人的签名、盖章，也有可能根据其他传闻例外的规定被采用。V已经死亡，属于陈述不能。由于该陈述照片是检察官P记录的V回答P的问题时所作的陈述，所以作为《刑诉法》第321条第1款第2项前段的传闻例外具有证据能力。这种处理方式也符合该再现照片的拍摄是检察官对参考人进行调查的一环这一实际情况。正如本章例题7中所探讨的，由于拍摄并记录某人通过动作所作的陈述的行为具有勘验的性质，因此为了将该照片作为证据，还需要P作出真实制作证言。这是辩护人对再现和拍摄过程的适当性进行交叉询问的机会。严格来说，可能有如下的疑问，即这张再现照片难道不也是扮演犯人的S的陈述照片吗？但是，由于S是按照V的指示做出姿势，P在此基础上进行拍摄，因此可以认为S的动作被纳入V的陈述中。

另外，在司法考试真题中，在实地确认笔录中贴附的照片下面，只原封不动地记载了V的说明，读起来就像普通的陈述笔录一样。这作为记载见证人的指认说明的方法，属于是特例。题意应该是存在见证人进行了这样的说明的记载。不管怎样，结论不变。

将例题8稍作修改，假设V的检面笔录中附有一张被害再现的照片，且V陈述称："我被罪犯殴打的情况如这张照片所示。"在这种情况下，照片的内容会被纳入V的陈述中，成为检面笔录的一部分。

（二）再现陈述照片在证人询问中的使用

正如上文所述，如若被告方对被害再现实地确认笔录提出异议，即使存在拍摄者所作的真实制作证言，再现陈述照片也不能作为证据采用，除非被害人陈述不能。将照片分离出来单独作为证据的情况亦同。不过，在对被害人进行证人询问的过程中，有可能使用该照片。

【例题9】假设在例题5的案例中，由于辩护人提出异议，检察官放弃申请被害再现的照片摄影报告书的证据。而且，在对V进行证人询问的过程中，检察官要求V就诉因记载之日其在电车中遭受性骚扰的事实及其具体情况作了证言。在此基础上，经审判长的许可，检察官出示了一张被害再现的照片，问道："你作证所说的被摸的情况是否如这张照片所示？"证人V回答："是的，正如这张照片所示的那样。"这个询问恰当吗？

【答】最决平23·9·14刑集65卷6号949页（出示被害再现照片案件）根据《刑诉规则》第199条之12，认可了这样向证人出示陈述照片的目的是明确陈述内容。根据《刑诉规则》第49条，该照片被附在证人询问笔录中。另外，正如判例所示，"在被引用（证言）的限度内，被害再现照片的内容是证言的一部分。"

这里重要的是，检察官在向证人出示被害再现照片之前，已经得到了具体的证言，且证言的内容与照片的内容一致。如果在得到具体的证言之前出示被害再现照片，就会导致通过证人之前的陈述记录诱导证言的结果，这有悖于《刑诉规则》第199条之11第1款括号内的规定。

（三）证明行为或者动作能力的情况

上述（一）讨论的是有关由于再现实地确认笔录的证明内容是"再现情况"这样含糊的内容，因此不得不将案发时发生了与再现内容相同的行为视为待证事实的案例。与之相对，将被告人或者其他人的身体能力作为证明内容，申请再现实地确认笔录的证据时，则需要考虑其他的问题。①这是因为，如被告人尝试一定的行为且实际上做到了的事实，并不是源于被告人记忆的陈述，而是客观的观察对象的事实。以此为目的的再现实验不是讯问、询问，而是实地确认。作为其记录的实地确认笔录基本上不会成为再传闻证据。

下面通过对第一章例题13稍作修改的案例思考上述问题。

【例题10】X是潜入V的公寓盗窃财物的入室盗窃犯罪嫌疑人。在刑事警察K的讯问过程中，X承认了被指控的事实，并供述潜入V住宅时使用铁丝制成的工具打开了门锁。K出示从X家扣押的类似工具，并问道："你是用的这个吗？"X回答称："我是用它开的锁。"K将这些供述记录在笔录中，并取得了X的签名、盖章。在此基础上，在征得V的同意后，K带着X去了V的公寓，要求X用该铁丝工具打开锁着的门锁。X实际展示了开锁。K拍摄了开锁的照片，并制作了"对证侦查报告书"。在报告书中记录了K要求X使用在X家扣押的工具打开V家的门锁、以及X打开门锁的过程、附上了这一系列场景的照片，并记载着X的说明："这张照片是我正在用铁丝工具打开门锁""像这样可以打开门"等。案件提起公诉后，X的辩护人对X的犯人性②提出了异议，主张X不掌握撬锁的技术。检察官以"被告人掌握了撬锁技术"为证明内容，申请调查"对证侦查报告书"的证据。辩护人对此发表了"不同意"的意见。如果有K的真实制作证言，可以将该"对证侦

---

① 平成17年判例（性骚扰再现报告书案件）的调查官解说也指出了这一点。『最高裁判所判例解说刑事编平成17年度』（法曹会、2008年）345页〔芦泽政治〕。

② 犯人性，是指犯罪嫌疑人、被告人是不是该案的真犯人，即该案的犯罪行为是否为犯罪嫌疑人、被告人所为。——译者注

第七章 实地确认笔录与见证人的指认说明

查报告书"整体作为证据采用吗？

【答】这是一种实地确认笔录，因此如果有制作人K的真实制作证言，根据《刑诉法》第321条第3款的规定，"对证侦查报告书"就属于传闻例外，可以作为证据采用。因为是K指示X开锁，所以X据此所作的动作不是陈述。因此，该文书中粘附的照片不是关于X的陈述的记录，而是K的观察报告。另外，X的说明是为了理解照片的含义而必要的指认说明，因此不属于再传闻证据，而是作为实地确认笔录的一部分成为传闻例外。X说明称"可以打开"，这似乎是承认不利事实。但是，之所以能从该报告书推测出X具有开锁能力，是因为K的报告称观察到了X实际成功开锁，而不是因为X说了"可以打开"。因此，不必担心该说明会作为再传闻证据发挥作用。

为了防止通过这种再现实验证明被告人的身体能力的做法具有自白的性质，不得要求犯罪嫌疑人再现犯罪行为。如果要求再现犯罪行为，按要求所进行的再现动作就会成为自白，其记录就会成为再传闻证据。第一章例题13和本章例题11就是这样的例子。为了避免这种情况，侦查人员应当如本例题一样，向犯罪嫌疑人明确指示其应作出的动作。如果动作是按照该指示进行的，则不属于再现犯罪行为的陈述。令和5年司法考试真题中出现的为了证明开锁能力的实地确认笔录的例题也是这样的案例。

不过，作为辩护人应注意确保事实认定者不会把这类实地确认的结果认定为被告人的自白。

【例题11】X杀害V后将尸体放在轿车的驾驶席，将轿车从桥上推下使其坠入海中，以此伪装成事故，被以杀人和尸体遗弃的诉因提起公诉。辩护人对X的犯人性提出异议。检察官申请调查刑事警察K制作的实地确认笔录的证据。该实地确认是在海中发现轿车的现场，使用了与被发现的轿车相同车型的轿车，将与V相同重量的模型当作V的尸体而进行的。K要求X使用与犯罪时相同的方法将实验车辆推落海中。于是X将模型放入车的驾驶席，抬起后部的保险杠，将车推落海中。K将该过程总结成实地确认笔录。笔录中记录了再现实验的过程，还附有七张拍摄了X动作的照片。每张照片上分别记载了X的说明，如"我像这样将副驾驶席的被害人移动到驾驶席""我像这样抬起了车后部的保险杠"等。检察官的证明内容是"被告人能够使本案车辆沉入海中"。这份实地确认笔录可以通过K的真实制作证言而作为《刑诉法》第321条第3款规定的传闻例外采用吗？

【答】这是将平成21年司法考试真题简化后的例题。该例题的特点是再现实地确认笔录的证明内容不是一般的"再现情况"，而是关于被告人遗弃尸体的实行行为的犯罪行为能力。出题人希望考生重点关注该证明内容的特点，认识到本案与性骚扰再现报告书案件的判例不同。作为司法考试的题目，这个要求太高。实际上，从"关于判卷感想等意见"可以得知与出题人有相同的问题意识的回答很少。

尽管如此，该例题的出题意图是可以理解的。这份实地确认笔录的证明内容中，待证事实是X具备实施如诉因所记载的遗弃尸体行为的身体能力。在此时，X的动作不是作为陈述证据使用，因此该照片不会成为再传闻证据。另外，出题人期待的回答应该是，X的说明是为了理解照片的含义所必要的指认说明，因此该份笔录在整体上可以作为第321条第3款规定的传闻例外采用。

但是，该例题中还有一个"出题目的"没有提及的问题。即在这次再现实验中，K要求X再现犯罪行为。[①]法官和裁判员听取了K在作出真实制作证言时对这一过程的陈述，并阅读了实地确认笔录中X的说明记录后，难以避免地将其理解为X对遗弃尸体的自白。这说明证明内容和实地确认的方法没有相互对应。

如果对自白的任意性存在争议，那么即使将证明内容限定为被告人的身体能力，将X的再现动作理解为自白的弊端仍大于该证据的有用性，所以应当否定法律上的关联性。与之相对，如果已经采用了其他具有任意性的自白，那么上述弊端较小，则可以出于如例题所示的证明内容采用实地确认笔录。如果没有其他自白，检察官可以基于"再现犯罪行为的情况"的证明内容，根据《刑诉法》第321条第3款和第322条第1款的规定，在第319条第1款的任意性要件下，申请X的再现照片的证据。据此也可以证明X的身体能力。

从该例题可知，对于非传闻的待证事实，即使是具有关联性的证据，如果采用该证据会使该证据起到传闻证据的作用有重大风险时，也不应该采用该证据。这一判断是对证据的有用性与弊端乃至弊端的可能性的权衡。[②]具体如何判断要视具体情况而定，可能因案件的性质、案件的争议点、与之相关的其他证据而有所不同。

---

① 这一点在第一章注11中也有提到。别冊法学セミナー『新司法試験の問題と解説2009』（日本評論社、2009年）114頁〔川崎英明〕也关注到这点。

② 濱田毅「非伝聞の許容性と『衡量基準』」同志社法学73卷6号（2021年）95頁以下详细说明了适用传闻证据规则时这种比较衡量的必要性。

四、同意的效力

关于依当事人的同意而采用传闻证据的可能性将在第十一章中进行详细的讲解。这里只论述同意采用实地确认笔录证据的效力。这里的问题在于当被告方同意检察官申请实地确认笔录的证据时，根据《刑诉法》第326条第1款的规定，见证人的指认说明部分或者进一步而言现场陈述的记载能否作为再传闻证据使用。

【例题12】将例题1的案例稍作修改，假设由于辩护人"同意"采用实地确认笔录的证据，法院对实地确认笔录予以采用。在这种情况下，法院可以从实地确认笔录中记载的W的说明中推认W目击了X的犯罪行为吗？

【答】多数审判实务家认为，这种同意的效力涉及范围包括将见证人的指认说明作为再传闻证据使用。[1]在对事实没有争议的案件中，这种做法没有什么问题。但是，辩护人同意实地确认笔录通常是为了不要求作出真实制作证言。而且，像这样使用指认说明部分的做法超出了检察官"现场的状况"的证明内容。因此，原则上，同意的效力应仅限于不要求作出真实制作证言，而不应扩展到将见证人的说明作为见证人的陈述证据使用。[2]

【例题13】在例题1的案例中，辩护人认为没有必要为了采用实地确认笔录证据就要求K作出真实制作证言。但是，仍然打算对W的陈述的证明力提出质疑，因此想要避免将W的说明部分作为W的陈述证据使用。辩护人应该阐述怎样的证据意见？

---

[1] 石井一正『刑事実務証拠法〔第5版〕』（判例タイムズ社、2011年）185頁。
[2] 松尾浩也監修『条解刑事訴訟法〔第5版〕』（弘文堂、2022年）980頁。

【答】如果辩护人只是单纯同意采用实地确认笔录作为证据，法院可能会误认为见证人的说明记录也可以作为独立的陈述证据使用。为了避免发生这种情况，辩护人应该表达如下意见："我方同意采用实地确认笔录。但是，不同意将W的说明部分作为再传闻证据使用。"

五、小结

实地确认笔录中的见证人指认说明的记载可以在为了理解实地确认的过程和笔录的意思所必要的限度内，作为实地确认笔录的一部分，依照《刑诉法》第321条第3款的要件予以采用。但是，如果将该见证人的说明作为见证人的陈述证据来使用，会使其成为再传闻证据，超出同款规定的传闻例外的范围。在这一点上，对通过动作所作的陈述进行拍摄的照片亦同。

即使是允许作为现场指认的见证人的陈述记录，也有可能使事实认定者产生其作为陈述证据的心证。只在理解实地确认的意思的限度内使用见证人的指认说明，这种对信息的区分使用，特别是对裁判员来说，是非常有难度的判断要求。因此，在对事实有争议的案件中，与其调查有见证人指认说明的实地确认笔录证据，不如根据《刑诉规则》第199条之12的规定，向证人出示实地确认笔录中的示意图并进行询问更容易理解。[①]

[①] 山崎学『公判前整理手続の実務〔第2版〕』（弘文堂、2020年）51页指出，最近的裁判实务中，因有通过法庭中的证言证明有争议的事实的倾向，所以实地确认笔录本身作为证据采用的例子越来越少。

第八章
陈述录像记录的传闻例外

一、录音录像陈述的传闻例外

《刑诉法》第321条之2和第321条之3都是准许使用录制的视频陈述来替代在审判期日的证人主询问的传闻例外。两者的目的亦共通，即必要性的根据是减轻因反复询问而给证人造成负担。

但是，这两条规定在传闻例外体系中的地位却有所不同。第321条之2以其他案件中的证人询问记录为对象，所以是对第321条第1款第1项的特别规则。与之相对，第321条之3以在审判外进行的法证询问记录为对象，所以是对第321条第1款第3项的特别规则。

二、《刑诉法》第321条之2的传闻例外

本法条规定，对于将其他案件中通过视频连接方式询问证人（《刑诉法》第157条之6第1款、第2款）的录音录像记录作为其中一部分的笔录（第157条之6第2款、第3款），仅在满足"在调查该笔录后，给予诉讼相关人员向该陈述人进行证人询问的机会"这一条件时认可其为传闻例外。这是为了减轻反复询问对证人造

成负担的特别规则。其可信性的情况性保障是，被记录的陈述是作为询问证人而进行的，而且虽然是事后作出的，但是也给予了在法庭上再次对陈述人进行交叉询问的机会。该规定的典型适用对象是被先行起诉的共犯的审判中进行的证人询问记录。

在证人不能接受再次询问的情况下，则回到基本规则，第321条第1款第1项前段的规定就成为传闻例外的根据。

该笔录的审查方法是在法庭上进行录像回放（第305条第5款正文、第321条之第2款）。

就第295条第1款前段和第321条第1款第1项、第2项的适用而言，根据本法条审查的证言记录的内容被视为已在审判期日作出了证言（第321条之2第3款）。因此，重复询问受到限制，而记录了与此相反内容的检面笔录则可能成为第2项后段的适用对象。

三、《刑诉法》第321条之3的传闻例外

在2023年关于性犯罪的法律修改之际，本法条作为新的传闻例外规定出台。其主要目的是用通过法证询问的方式听取的记录替代证人的主询问，从而减轻性犯罪被害人等的作证负担，这也是传闻例外的必要性根据。

所谓法证询问，是指专门为听取儿童对有关虐待的被害情况而制定的询问方法。为了在减轻本人负担的同时尽可能地不诱导陈述而制定的各种技术方法已形成体系。[①]能够适用本法条的听取记录虽然不一定仅限于按照特定程序所制作的记录，但必须是按

---

① 关于司法的技术方法，参见仲真纪子编著『子どもへの司法面接』（有斐閣、2016年）、同「児童虐待と司法面接」法律時報94巻11号（2022年）49頁以下。

照可被称为法证询问的标准而进行的询问。在过往实务中，在法证询问的意识下进行的询问是否均符合这一标准尚存在争议。法证询问这一特殊的陈述采集方法及有事后在法庭上对陈述人进行交叉询问的机会是可信性的情况性保障。

具体来说，其对象是对第321条之3第1款所列举的性犯罪或者对儿童的特定犯罪的被害人在特定情况下接受询问时所作的陈述及其陈述情况的全程进行录音录像的记录媒体。但是，除了性犯罪等的被害人以外，"根据犯罪的性质、陈述人的年龄、身心的状态、与被告人的关系等其他情况，被认定为如果进一步在审判准备或者审判期日进行陈述，其精神的稳定可能会遭到严重破坏的人"的询问记录也可以成为该法条的对象。如果符合这一条件，对目击者的法证询问记录也可以成为该法条的对象。

适用这一规定所必要的询问情况的条件是以下（1）和（2）的措施"被特别采取的情况"。"（1）依据陈述人的年龄、身心的状态及其他特点，缓解陈述人的不安或者紧张情绪，或其他能使陈述人充分陈述的必要措施；（2）依据陈述人的年龄、身心的状态及其他特点，尽可能避免诱导，或其他避免对陈述内容造成不当影响的必要措施。"

然而，即使是具备上述条件的法证询问记录，也不能无条件地赋予证据能力。有一个条件是"考虑到询问之前的情况以及其他情况认为适当时"。关于"询问之前的情况"，尤其重要的是有没有因为法证询问前无意中的提问而造成了记忆污染。[1] 如果这种

---

① 关于特别是对儿童进行无意中的提问容易导致记忆变化，参见仲真纪子编著『子どもへの司法面接』（有斐閣、2016年）、同「児童虐待と司法面接」法律時報94卷11号（2022年）41-49頁〔仲〕。

记忆污染的可能性很大，则不宜适用本法条。关于"其他情况"，重要的是在法庭上接受主询问是否会对陈述人造成过重的负担。即使是性犯罪的被害人，如存在本人希望在法庭上作证的情况，如果在审判中接受主询问不会对其造成过重的负担，也不宜适用这一规定。

如果根据该规定播放了录音录像记录，必须赋予诉讼相关人员进一步将陈述人作为证人进行询问的机会（第321条之3第1款）。这就是事后的交叉询问机会。

【例题1】A警察署接到A市内M的报案，称M 8岁的女儿V被住在附近的X猥亵。A警察署的警部辅K虽然在期刊上读到过关于法证询问的文章，但并没有接受过进行法证询问的专门训练。尽管如此，K还是尽量以温和的态度，在注意不诱导陈述的情况下，听取了V的被害情况，并对整个过程进行了录音录像。根据《刑诉法》第321条之3第1款的规定，该记录媒体是否适合作为证据采用？

【答】不适合。在侦查人员进行的所有询问中，理所当然地应注意减轻陈述人的负担，并尽可能在不进行诱导的情况下听取更多的信息。要称之为"特别采取了"上述（1）和（2）的措施，仅仅进行这些通常被期待的考量是不够的。必须是由通过研修和训练掌握了法证询问技巧的人，按照规定的程序进行询问。由于警部辅K没有这方面的知识和经验，因此不宜适用这一规定。

《刑诉法》第321条第1款是根据听取陈述的主体来区分传闻例外的条件，而第321条之3的特征是着眼于审判外的询问方法来规定要件。因此，当检察官进行法证询问时，第321条第1款第2

项与新规定的第321条之3的关系就成为问题。高等法院以往的判例中，有不少将检察官进行的法证询问记录作为第2项书面材料采用的判例。①有一种理解是，新规定允许在与第2项书面材料不同的要件下使用不同的方法，因此不会影响第2项的效果，这些判例今后也会维持。

但是，如上文所述［第五章一（三）］，第321条第1款第2项为检面笔录成为传闻例外规定了特别宽松的条件是基于如下的期待，即检察官在询问时不仅进行交叉询问式的提问，而且在确认与客观证据的整合性的基础上，选择其认为可信的陈述并将其记录在笔录中。与之相对，在法证询问中则尽量避免诱导，在与被询问人保持良好关系的情况下，如实记录其全部陈述，所以这与检察官作为询问进行的记录陈述的性质有所不同。法证询问并不是可以发挥检察官式询问风格的询问方法，所以该记录不适合作与检面笔录相同的处理。本来，从询问中立性的观点来看，检察官是不宜进行法证询问的。即便如此，如果检察官要进行法证询问，就不应该作为侦查人员对参考人进行询问，而应该作为询问专家进行询问。这样一来，就没有理由认为在同样的法证询问的记录中只有检察官进行的询问才能够得到特别准确的陈述②，所

---

① 在此修改前，检察官进行的法证询问的记录作为《刑诉法》第321条第1款第2项前段的传闻例外采用的裁判例有大阪高判令3・4・16高刑速（令3）号425頁 LEX/DB25593926；作为认可第321条第1款第2项后段的传闻例外的裁判例有東京高判令2・12・21高刑速（令2）号281頁 LEX/DB25591624、大阪高判令2・8・27高刑速（令2）号418頁 LEX/DB25591646、大阪高判令1・7・25判夕1475号85頁等。

② 木田秋津「司法面接の現状と課題」刑事法ジャーナル76号（2023年）49頁、川出敏裕「司法面接の記録の証拠利用」後藤昭代表編集『裁判員時代の刑事証拠法』（日本評論社、2021年）277頁など。

以不存在应当适用第2项的实质性根据。因此，为了在例如不能对陈述人进行证人询问等情况下，根据第321条第1款的规定采用法证询问的记录，即使是检察官进行的记录，也应该适用第3项，而非第2项的规定。

在适用第295条第1款前段时，根据第321条之3进行审查的录像记录内容被视为在审判期日作出的证言，所以重复询问受到限制（第321条之3第2款）。与之相对，就适用第321条第1款第1项、第2项而言，应注意录音录像不被视为审判陈述。即使存在与根据第321条之3进行的法证询问中的陈述相反内容的同一人所作的检面笔录，也不能成为第321条第1款第2项后段的适用对象。这也是本法条与第321条之2的不同之处。从这背后也可以看出如下考量，即应该避免检察官对法证询问对象进行一般的询问并制作陈述笔录。

【例题2】A警察署接到M的报案："我10岁的女儿V遭到我同居对象X的猥亵。"警察与儿童咨询所、检察厅协商后，由检察官P代表三个机关向V询问情况，并进行了面谈。① 后来被起诉的X否认起诉事实。检察官申请对检察官P的询问录像记录进行证据调查，对此辩护人发表了"不同意"的意见。于是，检察官根据《刑诉法》第321条之3的规定请求采用录像记录作为证据，对此，辩护人提出了以下两点主张。①检察官进行的被害询问不具有中立性，因此其记录不属于该法条的适用对象。②即使可以成为该

---

① 以前的实务中，这样的所谓代表人询问有很多由检察官进行。是木誠「司法面接の手法を活用した代表者聴取の取組の現状と課題」刑事法ジャーナル76号（2023年）37頁以下参照。

法条的适用对象，由于在本案中可以看出M对X持有的怀疑是在多次追问之下V才说出其所遭受的来自X的伤害，因此根据该法条采用该录像记录作为证据是不合适的。检察官为了证明询问的经过，申请对M和检察官P进行证人询问，法院均予以采纳。法院在对二人进行证人询问并且审查了检察官出示的录像记录后认为，检察官P的询问方法本身具备了作为法证询问所必需的条件，但是因为在此之前持有怀疑的M对V进行反复追问后才得到被害陈述，因此根据第321条之3的规定采用该询问录像记录作为证据是不合适的。于是，检察官申请对V进行证人询问，法院予以采纳。但是，在审判期日接受询问的V，在回答所有与被害相关的问题时都只是重复称"我不知道"。在这种情况下，检察官是否可以以检察官P的询问录像记录属于其他传闻例外为由申请作为证据采用？

【答】尽管V的作证态度相当于陈述不能，但是也不能根据其他传闻例外的规定予以采用。首先，如上所释，不应将检察官进行的法证询问的结果记录作为《刑诉法》第321条第1款第2项规定的书面材料予以采用。另外，即使假设该记录属于第2项前段规定的书面材料，由于在该案例中存在陈述内容不可信的特别情况，所以不应该予以采用［参见第五章二（二）］。即使将该记录作为该条款第3项规定的书面材料，也不能认定绝对的特信情况，因此不能作为证据采用。

接受过检察官法证询问的人，在审判中接受一般的证人询问时，提供了与法证询问时提供的证言相反的证言的情况下，问题就会更加明显。在这种情况下，可能出现这样的疑问，即，基于一般询问的检面笔录可以根据第2项后段的规定被采用，然而法证询问作为更加客观的询问方法，其记录却不能被采用。这难道不矛盾吗？但是找不到只对检察官进行的法证询问记录予以特别优待将其作为传闻例外的合理根据。①

---

① 更详细内容参见後藤昭「司法面接の記録に対する伝聞法則の適用」小坂井久編集代表『取調べの可視化　その理論と実践』(現代人文社、2024年) 166頁以下。

第九章

被告人的审判外陈述

一、解读法条

《刑诉法》第322条规定：

被告人制作的陈述书或者记录被告人陈述的书面材料中有被告人的签名或盖章的，只限于该陈述的内容是承认对被告人不利的事实、或者是在特别应该信任的情况下作出时，方可作为证据。但是，以承认对被告人不利的事实为内容的书面材料，即使该承认不是自白，根据第319条的规定，当认定其存在非任意作出的嫌疑时，也不能作为证据。

记录被告人在审判准备或者审判期日的陈述的书面材料，仅限于该陈述被认定为是任意作出的情况下，方可作为证据。

这是规定被告人的陈述代用文书成为传闻例外的要件法条。如上所述，在证据法的语境下，"被告人"是指根据该案证据被判断自己是否负有罪责的人。被称为共同被告人、共犯的人不属于这里所说的"被告人"。

第322条第1款是关于被告人陈述代用文书采用条件的原则性规定，第2款是审判准备或者审判期日所作的陈述记录的特别规则。第2款认可仅基于任意性要件的传闻例外。这是因为审判准备、审判期日的被告人陈述不具有任意性的情况极其少见，所以几乎无条件地认可传闻例外。因此，这里所指的"审判"与第321条第2款相同，仅限于同一被告案件的审判，即公诉事实和被告人都必须一致。当审判期间因更换法官而重新进行审判程序时（《刑诉法》第315条）[①]，以及上诉审、发回重审中被告人的审判陈述记录作为证据时，需要适用第2款的规定。

根据第324条第1款的规定，其他人所作的以被告人的审判外陈述为内容的陈述，其传闻例外要件依照第322条的规定。因此，第322条第1款是被告人审判外陈述的传闻例外要件的一般性规定。

同条第1款的形式要件是被告人的陈述书或者被告人的陈述记录书上面有被告人的签名或盖章。只要求陈述记录书有原陈述人的签名、盖章，这一点与第321条第1款相同。但是，与该条款不同的是，其没有根据是对谁所作的陈述而进行区分。典型的陈述记录书是侦查人员讯问犯罪嫌疑人时所制作的陈述笔录。判例认为，拘留后的辩解记录书、法官的逮捕讯问笔录也是第1款的适用对象。[②]

除此之外，第322条第1款分为前段和后段。前段的固有要件是"以承认不利的事实为内容"。作为其加重的但书要件，依照第

[①] 根据《刑诉规则》第213条之2的规定，更新的内容具体是指告知起诉书的主要内容、被告人及辩护人的陈述、依职权调查更新前调查的书证、物证。但是，司法实务中会根据《刑诉规则》第213条之2第4款的"认为适当的方法"省略上述程序。——译者注

[②] 最判昭27·3·27刑集6卷3号520页（辩解记录书案件）、最决昭58·7·12刑集37卷6号791页（别件拘留后的逮捕讯问笔录案件）。

319条第1款，承认的任意性不可存疑。自白是承认不利事实的典型例子。而且，自白直接适用第319条第1款的自白规则。因此，第322条第1款但书的任意性要件适用于自白以外的不利事实的承认。但书的意思是将自白规则的范围扩大至自白以外的对不利事实的承认。前段中没有特信情形的要件。

与之相对，第322条第1款后段的固有要件是绝对的特信情形。对陈述内容没有限定。典型的例子是对被告人有利的陈述。辩护人主张适用该传闻例外的例子有为了争论自白的任意性，申请调查被告人记录的侦查阶段讯问情况的犯罪嫌疑人笔记的证据（参见第十三章例题11）。但是认可被告人自身有利的陈述的特信情形的例子并不多。另外，由于被告人通常在法庭上可以自由发言，因此，几乎不会产生需要将审判外的有利陈述作为传闻例外的必要。

因此，适用本法条的案例多数都是第322条第1款前段的"以承认不利的事实为内容"的审判外陈述。本法条没有明文规定传闻例外的必要性要件。如后文所述，这会导致解释运用方面的问题。

检察官申请被告人陈述代用文书的证据时，通常的做法是申请作为乙号证据。因此，在刑事实务中，单纯的"乙号证据"多指被告人的自白笔录。

二、不利事实的承认

（一）不利的含义

"不利"是指在被告案件的认定上，对被告人不利的事实。最典型的是自白。此外，只承认部分犯罪事实的陈述，以及虽然否认犯罪行为但是承认有罪方向上的间接事实的陈述，也属于不利事实的承认。承认符合构成要件的行为，同时主张是正当防卫的陈述，也是对不利事实的承认。与之相对，民事上不利的事实，以及即便承认自己犯罪但只要是与本被告案件无关的陈述都不是不利事实的承认。正如后文所见，这样的解释是从成为该法条基础的英美法中的"承认"（admission）的概念而来。

【例题1】X在"江指"居酒屋与正好在场的V吵了一架。为了出气，X潜伏在居酒屋外等候从"江指"出来的V，并对其实施了暴力，被以致使V受伤的伤害的诉因提起公诉，但X否认指控的事实。在进行其他的证据调查后，检察官申请调查有X签名盖章的、对刑事警察所作的陈述笔录中如下内容的证据。"我在'江指'与V吵架后很生气。就在外面等着，准备让V吃点苦头。但是，街上行人很多，我只得放弃回家了。"辩护人对该申请发表了"不同意"的意见。法院可以采用该笔录作为证据吗？

【答】该笔录的内容是被告人的否认陈述。但是，曾经想过对V施暴的陈述是对存在动机这一不利的间接事实的承认。因此，如果对陈述的任意性没有争议，可以根据《刑诉法》第322条第1款前段的规定，采用该笔录作为证据。

【例题2】经营土木店的X拜访V家并骗V说："你家的屋顶已经出现损坏，如果不尽早修缮，问题就大了。现在修缮的话100万日元便可以修好。"X因只是形式上进行了修缮工程并收取100万日元的诈骗的诉因被提起公诉。X全然否认曾拜访过V家且提议修缮屋顶并收取了工程费。检察官申请调查一张以X名义开具的收据的证据。这张收据是V称从X处收到并自愿向警察提交的。收据上记载着收取V100万日元作为修缮屋顶的费用。检察官的证明内容是"被告人收受了V修缮屋顶的费用"。对于该申请，辩护人的意见是"不同意"。法院应该采用该收据作为证据吗？

【答】本题目是将平成30年司法考试真题的部分内容进行简化的例题。收据是陈述X收取了V100万日元修缮费用事实的陈述书。为了证明收受费用的事实而使用该收据，直白地说，就是《刑诉法》第320条第1款禁止的陈述代用文书。①但是，该收据是被告人X的陈述书，收受100万日元是诉因中实施诈骗行为的一部分，因此符合不利事实的承认。而且任意性不存在疑问。因此，根据第322条第1款前段的规定应当作为证据采用。

【例题3】X于2023年10月11日晚上9时左右在东京都涩谷区内的V家实施盗窃，并因该诉因被提起公诉。辩护人申请调查有X签名盖章的、对刑事警察所作陈述笔录中如下内容的证据。"我没有在V家实施盗窃。2023年10月11日晚上9时左右，我正在神奈川县川崎市内，抢一名路过的女子的手包。所以我有不在场证明。"检察官对此发表了"不同意"的意见。法院是否可以采用该笔录作为证据？

【答】被告人在该笔录中诉说了自己的犯罪行为。但是，该陈述对于诉因的盗窃而言是主张不在场的陈述，所以不属于不利事实的承认。如果可以认定特信情形，根据《刑诉法》第322条第1款后段的规定可以予以采用。但因为被告人可以在法庭中作相同的陈述，通常认为缺乏将笔录作为传闻例外予以采用的必要性。另外，关于究竟被告人一方能否申请承认不利事实的证据将在后文中进行探讨。

---

① 关于收据作为非传闻证据的学说参见第十章一（三）。

判断是否对被告人不利是以采用证据时为基准。陈述时有无预料到对被告人不利不是判断标准。①

【例题4】住在山梨县上野原市的X因涉嫌在2023年10月9日晚上10时左右在东京都八王子市内的V家实施了抢劫杀人而被拘留、逮捕。在逮捕期间，面对刑事警察的讯问，X作出如下陈述："2023年10月8日晚，我为了购物去了八王子市。但是，我9日没有去八王子市。所以我不是抢劫杀害V的凶手"，并在该陈述笔录上签名、盖章。经后续侦查，对V实施抢劫杀人的时间是比原定时间早一天的10月8日晚的可能性变大。检察官以犯罪时间是10月8日晚的诉因对X提起公诉。在审判前整理程序中，检察官申请调查上述对刑事警察所作的陈述笔录的证据。辩护人发表了"不同意"的意见。法院应该采用该笔录作为证据吗？

【答】该陈述内容在陈述时曾是对X有利的事实。但是，在与起诉书中诉因的关系上则是承认不利的间接事实的内容。因此，若其任意性不存在疑问，根据《刑诉法》第322条第1款前段的规定，应当采用该笔录作为证据。

（二）传闻例外的根据

《美国联邦证据规则》第801条（d）(2)规定，由反对当事人提出的、对方当事人的法庭外陈述是非传闻。从由反对当事人提出的条件看，其对象是该案件中对对方当事人不利的陈述。这种陈述传统上被称为"承认（admission）"。它是民事、刑事共通的规则，其适用范围不仅包括当事人本人，还涉及代理人的陈述、

---

① 松尾浩也监修『条解刑事訴訟法〔第5版〕』（弘文堂、2022年）952-953页。

甚至包括共谋过程到基于共谋的实行过程中共犯的陈述。承认之所以被视为非传闻，是因为原本就不可能对自己进行交叉询问。

显然日本的《刑诉法》第322条第1款前段继承了这一"承认"的规则。因此，有学说认为，即使在日本法中这也不是传闻例外，而是不适用传闻证据规则的情况。[1]但是，正如前文所述，日本的传闻证据规则也包含着事实认定者应直接听取陈述的直接言词原则的要求。审判外的被告人的承认终归属于传闻证据，本法条自然应定位为传闻例外。[2]

此时，被告人的承认成为传闻例外的理由将成为问题。多数学者认为，特意说出对自己不利的事实，一般都是因为所言是真实的，所以具有可信性的情况性保障。[3]但是，这样的经验法则却成为了过高评价自白证明力所导致的误判的原因。难以理解日本法一方面为了避免误判而对自白要求补强证据（《宪法》第38条第3款、《刑诉法》第319条第2款）；另一方面却普遍将审判外的被告人的不利陈述视为具有特信情形。另外，这种根据的解释也与"不利"仅限于诉因认定上的不利，不以民事上的不利、陈述时的不利性为基准的一般理解不符。《刑诉法》第322条第1款前段与后段间的连词不是"其他（的）"，而是"或者"，这也表明前段的根据不是可信性的情况性保障。

将承认作为传闻例外并不是因为存在可信性的情况性保障，

---

[1] 鈴木茂嗣『刑事訴訟法〔改訂版〕』（青林書院、1990年）210頁。
[2] 宇藤崇ほか『刑事訴訟法〔第2版〕』（有斐閣、2018年）401頁〔堀江慎司〕。
[3] 安冨潔『刑事訴訟法〔第2版〕』（三省堂、2013年）357頁、松尾浩也『刑事訴訟法下〔新版補正版〕』（弘文堂、1997年）45頁、田宮裕『刑事訴訟法〔新版〕』（有斐閣、1996年）386頁など。

而是一种诚实信用原则的表现。即,如果当事人对自己说过的事实有异议,不准许将自己的陈述归于无,应该就该发言在法庭中进行解释。[1]在美国法中,承认被扩大到代理人的陈述也是这种观点的延伸,可以理解为代理人也应对其发言负责的思想。

(三)必要性的问题

在日本法中,既然被告人的承认属于传闻例外,就应当具备必要性要件。法条虽没有明文规定,但是在司法实践中,如果被告人作出了相同内容的审判陈述,则审判外陈述是非必要的,所以不应被作为证据采用。因此,被告人的承认应当作为传闻例外被采用的情形是,在审判中被告人不进行陈述或者作出不同陈述时。[2]

【例题5】X因以营利为目的进口兴奋剂的诉因被提起公诉。在审判前整理程序中,检察官申请调查X对检察官所作的陈述笔录证据,其证明内容是"导致犯罪行为的经过和犯罪行为的情况"。对此,辩护人发表意见:"不同意。对任意性没有异议,但是因为X打算在法庭上进行陈述,所以没有必要调查笔录。"对于该笔录的采用与否,法院应如何处理?

【答】从证明内容来看,可以推测出该笔录的内容是X的自

---

[1] 与之相近的解释参见田宫裕・松尾浩也『刑事訴訟法の基礎知識』(有斐閣、1966年)159-160頁〔田宫〕、平野龍一『刑事訴訟法』(有斐閣、1958年)212頁。上口裕『刑事訴訟法〔第5版〕』(成文堂、2021年)391頁解释为禁止反悔。关于美国承认的处理说明,参见田渊浩二「刑事訴訟法322条の原理と解釈」法制研究84卷3号(2017年)17、35頁。

[2] 堀江慎司「伝聞法則と供述調書」法律時報84卷9号(2012年)29、31-32頁。

白。而且，对任意性没有争议。因此，大体符合《刑诉法》第322条第1款前段规定的传闻例外要件。但是，据辩护人称，X打算在法庭上陈述犯罪事实，而非保持沉默或者予以否认。如果笔录的内容在审判陈述中得以再现，笔录就失去了作为证据的必要性。因此，法院应保留对是否采用该笔录的判断，先听取被告人在法庭审理中的陈述。可以预料，在此之后如果没必要采用调查笔录，检察官会撤回该笔录的申请。

这种即使对被告人的自白笔录的任意性没有争议，也先不采用该笔录，而是视法庭上讯问被告人的结果而定，如果没有必要，则不采用该笔录作为证据的审理方法，被称为讯问被告人（AQ）先行方式。在最近的司法实务中，以适用裁判员制度的案件为中心，也包括非裁判员案件，这种方式逐渐推广开来。[①]其结果等同于对不利事实的承认也要求具备作为传闻例外的必要性要件。

也有情况是被告人在法庭上陈述其在侦查阶段作出了自白，但主张自白内容并非属实。正如第十章所要讲解的，这也属于传闻陈述，传闻例外的要件应当遵循《刑诉法》第324条第1款的规定［第十章二（四）］。如此一来，根据《刑诉法》第324条第1款的准用和第322条第1款前段的规定，以侦查阶段的自白为内容的被告人自身的审判陈述则成为实质证据。即使是这种情况，由于向侦查人员所作的自白内容已在法庭上重现，因此没有必要采用陈述笔录作为证据。或许有观点认为这种情况下通过阅读陈述笔录可以更确切地判断其可信性。但是，因为

---

① 村井宏彰「非裁判員事件における審理方法」季刊刑事弁護95号（2018）32-33頁参照。

陈述笔录反映的是记录人描绘的案件构成,所以阅读笔录反而会背离现场陈述。

【例题6】X作为经理,因私自从其任职的公司账户中取出100万日元的现金并私吞,被以业务侵占的诉因提起公诉,但X否认指控的事实。在调查了其他证据后,检察官申请调查X向检察官所作的陈述笔录证据,其内容是关于诉因事实的自白。辩护人对此发表意见:"不同意。对任意性没有异议,但是在讯问被告人的过程中X会就该自白进行陈述,所以不需要这一笔录。"法院保留了对是否采用笔录的判断,并先行讯问被告人。对于辩护人的提问,X称在起诉前接受检察官的讯问时作了承认侵占的陈述并讲述了其具体内容。然后,X就作出该自白的原因作出如下说明:"我听说如果不认罪会被一直羁押,即使被起诉后也很难被保释。我担心无法照顾年迈的母亲,一心想着尽快被释放,因此作了虚假认罪。"法院应当采用X自白笔录作为证据吗?

【答】由于对自白的任意性没有争议,现实中法院有可能会根据《刑诉法》第322条第1款前段的规定,采用该笔录作为证据。但是,法庭上被告人的陈述中体现了该笔录的内容。根据第324条第1款的准用和第322条第1款前段的规定,该陈述成为实质证据。另外,即使阅读了自白笔录,也无法得知X作出该陈述的动机。因此,没有必要将该笔录作为传闻例外予以采用,应当驳回该证据申请。

(四)被告方的证据申请

实务中,存在辩护人根据《刑诉法》第322条第1款前段的规定,申请采用以被告人承认不利事实为内容的陈述笔录的情况。

例如，承认犯罪构成要件事实的同时主张正当防卫的陈述笔录就是这样的申请对象。也有法院采用了此类陈述笔录。

但是，从承认被视为传闻例外的根据而言，其证明内容必须是对被告人不利的事实。这就无法想象被告方会对此进行证据申请。在美国法中，承认也仅限于对方当事人的陈述。

【例题7】X因伤害V的诉因被提起公诉，但X主张自己是正当防卫。辩护人申请调查X在侦查阶段对刑事警察所作的陈述笔录中，主张自己是正当防卫的内容。证明内容是"成立正当防卫"。对于检察官"不同意"的意见，辩护人主张："根据《刑诉法》第322条第1款前段的规定，应当予以采用。"法院是否应当采用该笔录作为证据？

【答】为了采用作为承认不利事实的传闻例外，其证明内容必须是对被告人不利的事实。由于正当防卫不属于对被告人不利的事实，因此不能批准基于《刑诉法》第322条第1款前段提出的以该证明内容为目的的证据申请。从这个角度来看，由于被告人可以在法庭中自由地陈述，因而这并不会构成对证明的重大限制。如果申请笔录证据的目的是证明从侦查初期开始被告人的陈述就具有一贯性，则这是《刑诉法》第328条规定的适用问题。

另外，对于检察官根据第322条第1款前段的规定申请该例题中的笔录证据的情况，与承认不利事实共为一体的利益陈述，即正当防卫的陈述也同时具有证据能力，这种理解才是公平的。[①]在这种情况下，法院可以根据该笔录认定正当防卫。

[①] 江家義男『刑事証拠法の基礎理論〔改訂版〕』（有斐閣、1952年）131頁参照。

三、采用自白笔录的程序

检察官通常会申请采用被告人的自白笔录作为乙号证据。辩护人对此提出异议的情况下，逻辑上其后要经过如下程序。

1.法院要求检察官作出回应。

2.检察官发表意见阐述："因内容是被告人的自白，根据《刑诉法》第322条第1款前段的规定申请采用证据。"

3.法院询问辩护人是否对任意性有异议。

4.对于该询问，辩护人回答："对任意性有异议""对任意性没有异议，但是没有必要性"或者"对任意性没有异议，但是对可信性有异议"。如果对任意性有异议，法院一般会要求其进一步阐述质疑任意性的理由。[1]如果只对可信性有异议，则不属于证据能力的争议，因此根据《刑诉法》第322条第1款前段的规定，采用该证据。

但是，在实际的庭审中，如果辩护人持"不同意"意见，多数法院会直接询问其对任意性是否有异议。这是因为如果对象是被告人的陈述笔录，且证明内容是"犯罪行为的情况"等，便可以想象其内容是自白。这时，因为可以预料到检察官会根据《刑诉法》第322条第1款前段的规定申请采用证据，所以法院会先行询问辩护人对任意性的意见。

对于被告人自白笔录的证据申请，有经验的辩护人在发表"不同意"意见时会同时表明自己是对任意性有异议还是对必要性

---

[1] 虽然自白任意性的举证责任在检察官，但是这样的询问是基于被告方对争点的形成负有责任的理解。

有异议，抑或是对可信性有异议。此外，如果对任意性有异议，会准备好能够对应当质疑其任意性的理由进行说明。在审判前整理程序中，如果对自白笔录的任意性有异议，有必要将此作为法律上的预定主张予以明示。而且，如果打算通过举证来否定自白笔录的任意性，则必须将其作为事实上的预定主张予以明示并申请调查证据（《刑诉法》第316条之17第1款、第2款）。

【例题8】X因对V实施抢劫并致使其受伤的诉因被提起公诉。法院对此案进行审判前整理程序。检察官申请调查日期为2023年10月11日的X对检察官所作的陈述笔录证据作为乙号证据之一，其证明内容是"犯罪行为的情况"。辩护人L听取X的辩解，X作出如下说明："我没有对V实施抢劫。被逮捕后的10月9日，警察K说：'从你公寓扣押的夹克上发现了DNA与V完全一致的血迹。这是法院信任的鉴定人作出的鉴定。如果你仍否认，检察官会提出有期徒刑15年左右的量刑建议。'我的夹克上不可能沾有V的血迹，但是我觉得如果有那样的鉴定书，我一定会被判定有罪，所以我很害怕，想尽可能地减轻刑罚，于是就在虚假的自白笔录上签了名。两天后我在接受检察官P的讯问时，也因为相信鉴定意见的说法，同样地在自白笔录上签了名。"L查看了开示证据和证据一览表，没有发现对X衣服上沾染的血迹进行鉴定的迹象。另外，根据《刑诉法》第316条之15第1款第7项规定的类型证据开示，L观看了10月9日的讯问录像记录，明确了警察K确实说过血迹鉴定的话。L认为警察K欺骗X而使其自白，将其作为通过欺骗获取的自白而对任意性提出异议。辩护人L在审判前整理程序中应该做些什么？

【答】辩护人L首先应对该检察官的调查证据申请发表"不同

意。不具有任意性"的证据意见（《刑诉法》第316条之16第1款）。在此基础上，作为法律上的预定主张，应主张："X对检察官的自白是受到刑事警察重大欺骗的结果所作的陈述，因此不具有任意性。"此外，作为事实上的预定主张，应主张："警察K告知从被告人的夹克上发现DNA与V一致的血迹的虚假事实后，讯问了被告人。其后对检察官的自白也是受此影响下的自白。"（《刑诉法》第316条之17第1款）。在此基础上，应当申请调查10月9日警察K讯问X的录像记录证据（《刑诉法》第316条之17第2款）。

关于自白任意性的审理方法，因其属于自白规则的范畴，这里不作详细的讲解。但需要注意的是，根据2019年开始施行、2016年修改的《刑诉法》第301条之2的规定，在要求讯问时进行录音录像的案件中，对有关任意性的证明方法增加了新的要求。即，对于检察官根据第322条第1款前段的规定申请调查被告人对侦查人员所作陈述的证据，辩护人对该陈述的任意性有异议的情况下，原则上检察官应当申请调查作出该陈述的讯问过程从头到尾的录音录像记录媒体的证据。不符合例外规定的情况下，也不申请该记录媒体的证据，则法院应当根据第322条第1款前段的规定驳回证据申请。今后，将有越来越多的案件使用讯问的录音录像记录来判断不利事实的承认有无任意性，其中也包括不属于该录音录像义务规定的案件。

四、图像记录的使用

（一）再现犯罪行为的图像

拍摄被告人再现犯罪行为的照片属于陈述照片，是《刑诉法》

第322条第1款前段的适用对象。由于摄影与图像再现的过程是一种机械记录，因此不需要本人的签名、盖章。但正如第七章所说，让犯罪嫌疑人通过动作再现犯罪行为并对其进行摄影的过程具有实地确认的性质，因此，根据第321条第3款的规定，为了将再现照片作为承认不利事实的证据予以采用，就需要摄影者的真实制作证言。

拍摄被告人再现犯罪行为的录像记录亦同。采用这类再现犯罪行为的录像作为证据的条件是否需要真实制作证言尚存争议。[①] 然而，鉴于第七章中最决平17·9·27刑集59卷7号753页（性骚扰再现报告书案件）中认为，采用被告人再现犯罪行为的照片作为证据需要摄影者的真实制作证言，因此采用录像作为证据时也会同样需要真实制作证言。

【例题9】X因涉嫌用棉绳勒死V而被拘留、逮捕。在逮捕期间，刑事警察K要求已经承认犯罪嫌疑的X将人体模型当作V，再现勒死V的过程。棉绳准备的是与在X家中扣押的棉绳相同的棉绳。X按照要求演示了勒死行为。K对此进行了录像。其后，X否认自己杀害了V。检察官以杀人罪对X提起公诉。在审判前整理程序中，检察官以"被告人再现犯罪行为的情况"为证明内容，申请调查复制了K所拍摄的录像记录的DVD证据。辩护人对此发表了"不同意"的意见。法院若要采用该DVD作为证据，需要满足什么条件？

【答】一方面，从录像内容和证明内容来看，待证事实是X实

[①] 大阪刑事実務研究会『刑事証拠法の諸問題（上）』（判例タイムズ社、2001年）189-192頁〔榎木巧〕参照。

施了如再现所示的犯罪行为。据此，X的审判外陈述将作为陈述证据使用，因而符合《刑诉法》第320条第1款规定的传闻证据。但是，其内容相当于X的自白，因此存在第322条第1款前段规定的传闻例外要件。另一方面，由于其内容是自白，根据第319条第1款的规定，需要对再现的任意性没有疑问。录像是机械的记录，所以不需要X的签名、盖章。但是，让X进行再现动作并对此进行摄像的侦查手段具有实地确认的性质，因此若要将其作为证据采用，根据第321条第3款的规定，需要K的真实制作证言。

（二）讯问的录音录像记录

如前所述，2016年修改的《刑诉法》规定了一项原则，即在某些案件中，讯问被拘留、逮捕的犯罪嫌疑人必须进行全程录音录像。当自白笔录等的任意性存在争议时，检察官应当提交该录像作为证据（《刑诉法》第301条之2）。

在该法施行之前，侦查实务中已经相当广泛地实行了讯问录音录像。而且，检察官也会申请调查此类录音录像记录作为实质证据。作为实质证据的含义并非将其用于判断自白的任意性或者可信性，而是用作证明被告人陈述内容之犯罪行为的证据，因此是作为传闻例外使用的。至于将这类讯问录像用作实质证据是否合适，目前仍有争议。

肯定说的首要依据是《刑诉法》第322条第1款前段。[1]该法

---

[1] 峰ひろみ「被疑者取調べの録音・録画記録媒体活用を巡って」研修842号（2018年）3頁、清野憲一「捜査段階の供述立証に関する問題解決に向けた一考察」判例時報2312号（2017年）14、17-19頁など参照。

条承认书面化的被告人审判外自白的证据能力。另外，根据同款和第324条第1款的规定，审讯人员所作的、有关其听到的被告人自白的传闻证言也可以被采纳。①因此，肯定说认为，没有理由禁止使用相比之下更为接近现场陈述且信息量更大的讯问录像记录。

与之相对，否定说则以直接言词原则和审判中心主义为依据。②也可以表述为，不得使侦查过程中收集的陈述证据主导法院的证据调查。另外，还有一重考虑是，如果法官、裁判员观看被告人讯问时所作的自白影像，可能会留下强烈的印象，从而导致过高评价其证明力。特别是那些观看了仅从犯罪嫌疑人正面拍摄讯问场景影像的人，容易作出犯罪嫌疑人是自愿坦白事实的判断。这一倾向是一种经常被论及的法与心理学的见解。③

可以看出，法官们对于使用讯问录像作为实质证据具有消极的倾向。"法庭不得成为录像播放会"这一说法象征性地体现了这种倾向。东京高判平28·8·10高刑集69卷1号4页（讯问录像的必要性案件）肯定了原审判决以没有必要性为由驳回检察官作为实质证据申请被告人讯问录像的判断。该判决指出，通过录像观察被告人在与法庭不同的讯问场合下的陈述态度等，很难判断其

---

① 关于这点在后章中再作确认。
② 参见牧野茂・小池振一郎编『取調べのビデオ録画――その撮り方と証拠化』（成文堂、2018年）、法学セミナー750号（2017号）特集『取調べの可視化とは何だったのか』、季刊刑事弁護91号（2017年）特集『取調べ上映会を許すな！――録画媒体実質証拠化の危機』各特集所收录论文。
③ 指宿信『被疑者取調べ録画制度の最前線』（法律文化社、2016年）290-303页参照。

自白的可信性。[1]

如果以现行《刑诉法》第322条第1款为前提，讯问被告人的录像一律不能作为实质证据采用这一点很难理解。然而，若要采用讯问被告人的录像，必须具有作为传闻例外的必要性。被告人在法庭上重复自白的情况下，则没有必要作为传闻例外。另外，如前所述，当被告人在法庭上承认曾对侦查人员作出自白的同时，又解释称当时的自白内容与事实不符时，审判外的自白会通过被告人的陈述而成为实质证据，所以没有必要将讯问录像作为实质证据。上述东京高等法院判决的案件便是如此。可能会有观点认为，即使在这种情况下，为了判断自白的可信性，观看讯问录像也是有意义的。但是，观看讯问录像很难判断被告人所言是否属实。[2]如若观看讯问录像，根据直观的印象而作出错误判断的风险很大，所以应当尽量避免。

因此，应当根据第322条第1款前段的规定采用被告人的讯问录像作为实质证据的情形仅限于在法庭上被告人否认事实且主张自己以前也没有进行自白，或者保持沉默的情况。在这种情况下，就不能禁止检察官通过讯问录像记录来证明被告人的自白。

【例题10】X因与Y共谋威胁V并获取100万日元的现金，被以敲诈勒索的诉因提起公诉，但X否认自己参与了犯罪。然而，X在法庭上回答其辩护人的提问时，承认对起诉前检察官的讯问作出了承认罪行的陈述。至于其自白的原因，X解释如下："我之所

---

[1] 与此案例相反，因辩护人同意而被采用的讯问录像作为有罪证据的案例有東京高判平30·4·25高刑速（平30）号158頁、LEX/DB25449487。

[2] 東京高判平30·8·3判時2389号3頁（今市案件控诉审）指出了观看讯问录像记录判断自白可信性的方法的危险性。

以撒谎,是因为我觉得如果我说我只是应Y的邀请而加入,并答应作证,检察官应该就不会起诉我。但是,后来我通过我的辩护人得知检察官不会接受这样的交易,所以我现在说实话。"虽然有X对检察官所作的陈述笔录,但是上面没有X的签名、盖章。检察官申请调查侦查阶段检察官讯问X的情况的录音录像证据。证明内容是"被告人的自白内容"。辩护人发表意见,称"不同意,没有必要性。"法院是否应当采用该录像作为证据?

【答】这是将讯问录像作为实质证据的证据申请。案例中,X在法庭上承认自己向检察官作了承认参与犯罪的陈述。因此,根据《刑诉法》第324条第1款的准用和第322条第1款的规定,X对检察官所作的自白可以作为证据。此外,即使观看讯问录像,也无法判断X作出自白的动机。因此,没有调查该录像记录证据的必要性,法院应当驳回该申请。

五、小结

《刑诉法》第322条第1款前段广泛认可符合承认不利事实的审判外陈述,如被告人自白等,成为传闻例外。其要件是第319条第1款所规定的任意性。这种法律制度是现行刑诉法继承英美法传闻证据规则传统的结果,而非继承德国的直接言词原则的结果。但是,既然作为传闻例外,就应当在严格地考量其作为传闻例外的必要性之后,方可予以采用。另外应当注意的是,虽然美国法将包括自白的"承认"广泛地认定为非传闻,但其通过米兰达规则(Miranda v. Arizona, 348 U.S.436)对自白任意性的判断科以严格的条件。日本法也必须严格地判断对被告人不利陈述的任意性。

第十章

业务上的书面材料·传闻陈述·再传闻

一、业务上的书面材料

（一）解读法条

《刑诉法》第323条规定：

除了从第321条至前条列举的书面材料以外，仅限于下列书面材料可以作为证据。

一　户籍副本、公证证书副本及由其他公务员（包含外国的公务员）就其职务上可以证明的事实制作的书面材料

二　商业账簿、航海日志及其他在日常业务过程中制作的书面材料

三　除前两项列举的书面材料外，在特别应该信任的情况下制作的书面材料

这是将因业务上按照固定格式制作而可期待准确性的书面材料作为传闻例外证据的法条。传闻例外必要性的根据是：相较于依赖记忆的证言，书面材料无疑更为可信。因此，没有制作人陈述不能的要求。

（二）本法条各项规定的书面材料

有鉴于此，第1项的证明书必须是相关公务员职权范围内签发的证明书，以此保障其客观性。户籍副本（户籍记载事项证明书）以外，登记簿副本（登记事项证明书）、市町村签发的印章登记证明书、居民票的复印件、居民票记载事项证明书等也属于该项规定的书面材料。为证明特定案件中的事实而特别制作的书面材料由于无法保障这样的客观性，所以不属于第1项规定的证明书。因此，侦查人员制作的现行犯拘留程序书、侦查报告书等不符合第1项规定的证明书。

【例题1】在被告人X违反兴奋剂取缔法的案件中，对于所谓的刑事警察K在X的起居室扣押的兴奋剂的证据能力产生争议。辩护人主张，扣押物证的过程存在重大违法，如K不顾当时在现场的X的妻子F的要求，在未向F出示搜查扣押许可证的情况下进行了搜查扣押等，因此应当将该兴奋剂从证据中排除。检察官为了证明搜查扣押的过程合法，申请调查K制作的搜查扣押笔录的证据，该扣押笔录中记载有"在向F出示了搜查扣押许可证后开始搜查"的内容。辩护人对此提出异议。在这种情况下，假设证明搜查扣押合法性应基于严格的证明，法院可以根据《刑诉法》第323条的规定采用该笔录吗？

【答】该搜查扣押笔录是K自己为了证明搜查过程的合法性而制作的，没有准确性的客观保障，因此不属于第323条第1项规定的书面材料。而且，也不能根据第2项、第3项的规定予以采用。

【例题2】在被告人X盗窃案的审判中，X对罪责没有争议。

检察官以"被告人的前科"为证明内容，申请调查检察事务官C制作的前科笔录的证据。在辩护人是"不同意"意见的情况下，法院可以采用该前科笔录作为证据吗？

【答】前科笔录是由负责犯罪记录的事务官根据犯罪记录事务规程，从检察厅保存在电脑中的前科记录中提取被告人的部分而制成的书面材料。制作该书面材料的工作属于例行业务，因此，可以认为属于本法条第1项规定的书面材料而予以采用。[1]

【例题3】X因出于猥亵目的诱拐5岁女童V的诉因被提起公诉，但X否认存在猥亵的目的。检察官以"被告人有猥亵的目的"为证明内容，申请调查6年前X收到的判决书副本的证据。该副本由法院书记员制作，判决内容是认定X出于猥亵目的诱拐5岁女童的有罪判决。该判决没有上诉、抗诉，已经生效。辩护人对此发表意见，称"不同意。且没有关联性。"假定在这种情况下法院认为X的同类前科事实与有罪证明具有关联性，[2]是否可以采用该判决书副本作为证据？如果采用该判决书副本作为证据，是否可以从中认定该判决所认定的被告人的前科行为？

【答】法院书记员制作的判决书副本作为证明存在相同内容的判决书原件的证据，符合《刑诉法》第323条第1项的规定。在此基础上，就能否从中推定生效判决所认定的事实，学界存在分歧。[3]否定说认为，判决是法官的意见，不能成为证据。作出生效

---

[1] 名古屋高判昭25・11・4高刑特14号78頁、LEX・DB27913508。

[2] 关于犯罪的主观要素与前科事实的关联性，参见最决昭41・11・22刑集20卷9号1035頁（捐赠金诈骗前科案件）。

[3] 关于学说分歧的具体内容，参见河上和雄ほか編『大コンメンタール刑事訴訟法〔第2版〕第7卷』（青林書院、2012年）681–682頁〔岡部信也・中川博之〕。

判决的法官确实没有亲身见证被告人的罪行。与之相对，肯定说认为，经过严格的诉讼程序所认定的事实在之后的审判中也可以被推定为是正确的。《刑诉法》第435条第1项至第4项规定了再审的理由，也考虑到了生效判决成为其所认定的事实的证据的情况。如果不能将生效判决的认定本身作为证据，而又必须证明被告人的前科事实，则会产生被告人否认前科事实时必须再一次根据原证据证明前科事实的困难。如果生效判决是对同一被告人作出的，则可以推定在之前的诉讼中保障了其抗辩的机会，因此应当准许将生效判决作为推定其所认定事实的证据使用。①但是，其根据不是本法条第1项，而是第3项。

户籍副本、登记簿副本作为证据时，可以认定户籍、登记簿原件中有与之对应的记载。此外，还可以推断出存在作为记载基础的申报、申请，且这些申报、申请已被受理。

第2项的典型例子是商业账簿和航海日志。判例认为符合《刑诉法》第323条第2项规定的书面材料有：登录粮食贩卖业者的被告人每次贩卖记入的未收款记账本②、记录了捕捞鱿鱼船队的各个渔船每日定时开工位置、捕鱼量等相互联络内容的收信记录③等。银行的存款账户、医院的诊疗记录等也符合第2项。这些书面材料的电子记录也可作相同处理。在特定案件的侦查

---

① 《美国联邦证据规则》第803条第22款也认可关于被告人过去符合一定条件以上的犯罪的有罪判决作为传闻例外。

② 最决昭32·11·2刑集11卷12号3047页（未收款记账本案件）。该判例还认可了记账本作为自白的补强证据。

③ 最决昭61·3·3刑集10卷2号175页。另外，作为监狱服刑人员会见记录符合第2项的高等法院判例有大阪高判令3·1·28高刑速（令3）号319页、LEX/DB25571361。

过程中侦查人员制作的报告书、搜查扣押笔录等仍然不符合第2项。[1]

第3项的"特别应该信任的情况下制作的书面材料"的措辞看上去抽象且适用范围广泛。但是，正如"除前两项列举的书面材料外"的措辞所示，应限于例行业务过程中制作的书面材料。即使是私人的记录，如果是每天专门记录业务内容的书面材料也符合该规定。[2]所谓的内部帐簿也符合第3项。[3]这是因为这类书面材料如果不准确地记录，对制作人本身也会造成困扰，所以有准确记录的动机。综上，此处也与第1项、第2项相同，就特定案件的调查结果的报告书也不符合第3项。[4]

（三）收据的处理

收据是制作人所作的、以收取金钱为内容的陈述书。将其作为证明按照记载的内容收取金钱的证据则是陈述代用文书。收银机（现金出纳机）打印出来的收银条是固定格式的业务上的书面材料，属于《刑诉法》第323条第2项规定的书面材料。但是，个别的手写的收据一般不属于第2项或者第3项规定的书面

---

[1] 大阪高判令2・4・9高刑速（令2）号374頁、LEX/DB25591640。

[2] 東京地決昭53・6・29判時893号8頁。

[3] 東京高判昭37・4・26高刑集15卷4号218頁、大阪高判令3・1・28高刑速（令3）号319頁、LEX/DB25571361。另外，東京地判平15・1・22判夕1129号265頁认为，尾随案件的被害人在每次被告人打来电话时记录时间和内容等的笔记本符合本法条第3项的规定。该案件中，被害人还得到了单位同事的帮助，以固定的格式进行了连续记录，所以被视为业务上制作的书面材料。

[4] 東京高判昭34・11・16下刑集1卷11号2343頁认为，基于检察官的要求，国税厅监察官调查纳税义务人所得结果的报告书不符合本法条第3项。

材料。[1]

然而，在近几年的学说中，主流的观点认为收据可以成为非传闻证据。该观点认为开具收据并由对方保管的事实成为曾经存在授受金钱行为的间接事实。[2]其理解是，授受收据的行为具有超越单纯陈述的作为行为的特征。与之略有不同的观点认为，由于收据的制作人与对方的认识和陈述一致，因而可以作为非陈述证据推定存在金钱的授受。[3]

但是，也有制作人与对方合谋伪造收据的情况。另外，多人的认识与陈述一致可以成为非陈述证据，这一解释如同第三章所述〔第三章二（五）〕的，即使是传闻证据，只要多个一致就可以成为非传闻证据一样，从传闻证据的定义来看是不合理的。

从向对方提供收据这一事实中只能推断出两者之间存在授受收据的某种动机。除此之外，若要推认授受了如收据记载的金钱，则只能将该收据作为传闻证据使用。收据非传闻论没有考虑到伪造收据的风险。

【例题4】律师X接受了欲与妻子离婚的资本家V的委托，除启动金外收取了200万日元的调查费。V与妻子通过协议很快实现

---

[1] 東京地決昭56・1・22判時992号3頁。与之相对，松尾浩也監修『条解刑事訴訟法〔第5版〕』（弘文堂、2022年）959頁认为自己签名或者盖有登记印章的收据适用第3项。

[2] 上口裕『刑事訴訟法〔第5版〕』（成文堂、2021年）368頁。

[3] 大澤裕「伝聞証拠の意義」『刑事訴訟法の争点〔旧シリーズ第3版〕』（有斐閣、2002年）182、183頁、堀江慎司「伝聞証拠の意義」『刑事訴訟法の争点〔新シリーズ〕』（有斐閣、2013年）166-167頁。另外，濱田毅「非伝聞の許容性と『衡量基準』」同志社法学73巻6号（2021年）174—178頁详细讨论了收据作为非传闻证据使用的可能性。

离婚。V要求X清算所收取的调查费用。X解释称自己为调查对方的品性，曾向信用调查所支付了190万日元，现在只剩下10万日元。V认为X私自侵占了调查费用，遂向检察厅告发。检察官以职务侵占的诉因对X提起公诉。X的辩护人以"X为V支付了调查费用"为证明内容，申请调查以涩谷信用调查所所长D的名义出具的收据证据。收据中记载了收取律师X 190万日元作为"V氏委托案件的调查费用"的内容。检察官对此发表了"不同意"的意见。D已经病逝。作为辩方证人，原涩谷信用调查所事务员W作证称："该收据确实使用了涩谷信用所使用的收据纸张，上面的笔迹和印章确实是D的。但是，与律师X的金钱交易，由于自己没有直接参与所以并不知情。"法院能否将该收据作为非传闻证据采用？能否将其作为传闻例外？

【答】如果将该收据作为非传闻证据使用，则只能从中推定出D出于某种原因将该收据交付给X。若要超出此范围推定D收取了X的190万日元作为调查费用，则必须将该收据作为陈述证据即传闻证据。该收据不属于《刑诉法》第323条规定的传闻例外。但是，在D已经死亡，且没有其他证据来证明支出调查费用事实的情况下，该收据具有不可欠缺性。由于开具收据在民事上属于对自己不利的陈述，所以一般是可以信任的。因此，只要不存在表明D与X商定伪造收据的情况，可以将收据作为第321条第1款第3项的传闻例外予以采用。①

---

① 在平成30年司法考试中，像第九章例题2中所示的案例中还提问了被告人制作的收据作为非传闻使用的可能性。但因是认可了第322条第1款前段的传闻例外的案例，所以思考非传闻使用的实际意义并不大。

但是，如果有人作证向他人支付了金钱而得到了收据，那么相应收据的存在就具有证明证言可信性的作用，因此属于非传闻。

二、传闻陈述

（一）解读法条

《刑诉法》第324条规定：

　　被告人以外的人在审判准备或者审判期日以被告人的陈述为其内容所作的陈述，准用第322条的规定。

　　被告人以外的人在审判准备或者审判期日以被告人以外的人的陈述为其内容所作的陈述，准用第321条第1款第3项的规定。

从第321条至第323条规定了陈述代用文书的传闻例外要件。与之相对，第324条规定了传闻陈述的传闻例外要件。但是，以被告人的审判外陈述为内容的传闻陈述准用第322条的要件，以被告人以外的人的审判陈述为内容的传闻陈述准用第321条第1款第3项的要件，所以实质上准用陈述代用文书的要件。这些原法条中关于签名、盖章的要件在传闻陈述中是不可能实现的，所以是不需要的。取而代之，需要通过法庭中的询问来审查原陈述的再现的准确性。

在区分法庭上的陈述是传闻陈述还是陈述人对亲身经历的陈述时，有时也会遇到问题。

【例题5】X因伤害女子V并致其死亡的伤害致死的诉因被提起公诉，但X否认指控的事实。审判中，V的女儿D成为控方证人，作证称自己目睹了X对V实施的犯罪行为。在辩护人的交叉询问中，有如下的对话。

　　辩护人：你刚才作证说，V是你的母亲？
　　D：是的。
　　辩护人：你自己有V生了你的记忆吗？
　　D：没有这样的记忆不才是正常的吗？
　　辩护人：审判长，因已知道D所说的V是自己母亲的证言是传闻陈述，请将其从证据中排除。

该辩护人的异议合理吗？

【答】该异议不合理。D关于V是她母亲的证言应理解为描述了她作为V的女儿被养育成长的家庭关系，而非生物学意义上的母女关系。这是她对自己亲身经历的陈述，因而不属于传闻陈述。①

【例题6】X闯入V家，用一把仿真手枪指着V及其妻子F使之无法反抗，并劫取了17万日元现金。X因抢劫的诉因被提起公诉，但X否认指控的事实。F后来因病去世。在对V的主询问中有如下的对话。

　　检察官：你认识抢劫的罪犯吗？
　　V：他戴着大口罩，我当时没有认出来。但是第二天早上，妻子F说："我觉得昨天的抢劫犯是几年前到过咱家的，咱们儿子S的同年级同学X。"所以我也意识到是X。
　　辩护人：有异议，这是传闻陈述。
　　检察官：F的陈述只是触发证人V想起犯人的起因，不属

---

　① 最决昭26・9・6刑集5卷10号1895页与此相似，认为关于证人自己及岁数相近姐妹的年龄的陈述不是传闻陈述。

于传闻陈述。

对于该异议，法院应该如何处理？

【答】法院应该敦促检察官进一步提问，或者亲自向V提问，确认V本人是否记得抢劫犯是X，还是因为F说犯人是X所以自己也如此认为。如果V的回答是前者，则驳回传闻异议就好。但是，即使在这种情况下，在评价证明力时也应该留意到V的记忆受到F发言的影响。与之相对，如果V的回答是后者，则应当作为传闻证据处理，确认检察官是否主张传闻例外。

（二）适用案例

下面将以对证人W1为W2的审判外陈述作证的情况为例，确认该例外要件的适用问题。如果W2是被告人，则《刑诉法》第322条的规定将成为其传闻例外要件；如果W2是被告人以外的人，则第321条第1款第3项的规定将成为其传闻例外要件。从前面的讲解中可以得知，这里所说的"被告人"是指通过相关陈述被判断自身罪责的人。

【例题7】公务员X收受Y的贿赂，被以受贿的诉因提起公诉，X否认指控的事实。检察官P1出席审判，其手里有一份检察官P2在侦查阶段制作的X的陈述笔录。但是，该笔录上没有X的签名、盖章。检察官P1申请对P2进行证人询问，得到法院同意。在法庭中，成为证人的P2对于主询问作出如下陈述："我对X进行了讯问。X告诉我说：'我确实收受了Y的300万日元贿赂。'但是，X并没有在笔录上签名、盖章，说是他的辩护人对他说不要在笔录上签名。"对于该画线部分的证言，辩护人表示："有异议，这是传闻陈述。"法院应如何判断？

【答】P2的这一证言属于传闻陈述,其内容是被告人X的陈述。因此,根据《刑诉法》第324条第1款的规定,第322条第1款是其构成传闻例外的要件。X的原陈述是被告人的自白,符合"对不利事实的承认"。因此,如果第319条第1款规定的任意性没有疑问,则可以作为传闻例外采用。也有观点反对以认可这样的侦查人员的传闻陈述来代替陈述笔录。但是,这应该只是一种习惯了使用陈述笔录作为证据才会有的想法。法条中并不存在禁止这种传闻陈述的根据。[①]

【例题8】X因致不同意性交的女子V死亡的诉因被提起公诉,但X主张自己不是罪犯。检察官申请对V生前的男性朋友W进行证人询问,并得到法院同意。证明内容是"被告人有犯罪动机"。在审判期日,对于检察官的主询问,W回答道:"V死前一个月左右,我们一起出去吃饭时,她跟我说了有关X的事情。当时她说:'X在我上班路上的车站等着我,并且纠缠我,我感到非常害怕。'"辩护人对此表示:"有异议,这是传闻陈述。"另外,在侦查过程中W曾一度被怀疑是本案的罪犯。若要采用W的证言需要满足什么要件?其中,谁的陈述需要特信情形?

【答】这是被告人以外的人W对另一被告人以外的人V的审判外陈述的陈述,因此根据《刑诉法》第324条第2款的规定,需要满足第321条第1款第3项的要件。另外,V的原陈述不属于心理状态的陈述,这一点在第三章例题14中已确认。由于V已死亡,所以属于陈述不能。而且如果没有其他有力的证据,该证言对于

[①] 東京高判平3・6・18判夕777号240页(检察官自白证言案件)也认可了侦查人员的证言。

证明犯罪事实具有不可欠缺性。并且，V的原陈述必须是在"特别应该信任的情况"下作出的。

这里学生们可能会误解W的证言需要有特信情形。由于W与本案有利害关系，其证言的可信性确实应慎重斟酌。但是，这并不是传闻陈述所特有的问题。传闻例外的必备要件是能够认定V的原陈述具有特信情形。这点从第321条第1款原本是关于陈述代用文书的规定中也可以明了。

（三）以自己的陈述为内容的陈述

再回顾《刑诉法》第320条第1款，对传闻证据的定义是"审判期日以外的、以他人陈述为内容的陈述"。也就是说，即使是以他人陈述为内容，但只要是审判期日的陈述也不属于禁止的对象。当然，这里的审判期日是指同一被告案件的期日。一个更难的问题是审判陈述人对自己之前的陈述所作的陈述是否属于传闻陈述。这个问题虽然以前讨论的不多，但是是日本传闻证据规则的难点之一。

如果按照法条的字面意思来理解，似乎以自己的陈述为内容的陈述不属于传闻证据。实际上，最近也确实出现了这种观点。[①] 另外，还有一种观点采用与之不同的逻辑结构，但实质上是主张同样的结果。在该观点看来，证人、被告人在法庭接受询问、讯问时，承认自己以前曾对侦查人员作出过某些陈述的情况下，即使其在法庭上称之前的陈述内容不属实，但由于其实际上是在引

---

① 岡慎一「取調べの録音録画記録媒体の証拠利用」季刊刑事弁護91号（2017年）48、50頁。

用自己之前的陈述，因此被纳入审判陈述当中。①这种理解与以自己之前的陈述为内容的陈述不属于传闻证据的观点得出的结果相同。作为解释论，相较于"纳入"论，以自己的陈述为内容的陈述不属于传闻证据的解释更为简明。②

在现行刑诉法立法之际，立法者们是如何有意识地使用"他人"这一表述的，我们不得而知。然而，即使在法庭中陈述人陈述自己之前的陈述时，之前的陈述也属于审判外陈述，因此将其作为陈述证据使用在理论上属于传闻证据。如果认为其属于非传闻证据，例如，证人W作了A内容的陈述，但在交叉询问中承认以前就相同的事项作出了与A矛盾的B内容的陈述，则B内容的审判外陈述便会立即成为实质证据。这样的结果与之前关于《刑诉法》第328条、第321条第1款第2项后段的讨论相悖。之前的讨论默认将其作为实质证据使用是以成为传闻证据的禁止对象为前提。

以自己之前的陈述为内容的陈述与以"他人陈述"为内容的陈述，其不同点在于前者可以在法庭中陈述时进行事后的交叉询问。但是，除了《刑诉法》第321条第3款这样的特殊书面材料

---

① 清野憲一「搜查段階の供述立証に関する問題解決に向けた一考察」判例時报2312号（2017年）14、25—27頁参照。

② 清野憲一「搜查段階の供述立証に関する問題解決に向けた一考察」判例時报2312号（2017年）14、25—27頁以认为向证人出示再现被害照片的内容或者向证人出示电子邮件都是在引用证言的限度内作为证言的一部分的两个判例，即最决平23·9·14刑集65卷6号949頁（出示被害再现照片案件）和最决平25·2·26刑集67卷2号143頁（出示电子邮件案件）为根据，认为如果实质性引用事前陈述则成为审判陈述的一部分。但是，前者的判例是证人作出了被害情况如照片所示的证言的案例；后者的判例没有认可作为陈述证据使用电子邮件的内容，因此问题的内容均不同。

以外，现行法不准许以存在事后交叉询问的机会为由使用传闻证据。因此，以自己之前的陈述为内容的陈述也应当被作为传闻证据对待。①

【例题9】X因伤害V的诉因被提起公诉，但X否认指控的事实。控方证人W1在审判期日作证称："我看见X袭击了V。"辩护人在交叉询问中问道："你在案发后不久见到W2时，是否说过'袭击V的凶手是Y'？"W1回答："我确实对W2说过那样的话。但那是为了庇护X而说的谎。"该画线部分的证言能成为实质证据吗？

【答】如果以证人自己以前的审判外陈述为内容的陈述也是传闻陈述的话，画线部分的证言则不能成为实质证据。根据《刑诉法》第328条的规定，只准许作为降低W1的审判证言的可信性的辅助证据。②

【例题10】X因恐吓V并使其交纳100万日元现金的诉因被提起公诉。X主张自己只是向V借了100万日元，后来因生病而无力偿还，并没有威胁过V。V作为控方证人在法庭上作证称："X向我借钱。他说他会支付利息，所以我就把钱借给他了。X并没有威胁过我。"检察官手上有一份V在侦查阶段对检察官所作的陈述笔录，其中记载有"X威胁我说：'不借钱我就放火把你的店烧了。'因此我很害怕，便给了他100万日元"的内容。笔录中还有V的签名和盖章。检察官继续进行主询问，问道："你在检察厅

---

① 详细内容参见後藤昭「自己の供述を内容とする供述と伝聞法則」『新倉修先生古稀祝賀論文集 国境を超える市民社会と刑事人権』（現代人文社、2019年）225頁以下。

② 关于第328条的含义在第十三章再作讨论。

就该案件接受询问时，是否说过'X威胁我说，不借钱我就放火把你的店烧了。因此我很害怕，便给了他100万日元'？"V回答："我确实有这样跟检察官说过。但是，那是当时想惩罚一下借钱不还的X才说的，那些话并不属实。"其后的主询问和交叉询问的结果，法院认为比起V的审判证言，V在侦查阶段对检察官所作的陈述具有应该信任的特别情况。法院可否在不采用V的检面笔录的情况下，将画线部分的证言作为实质证据采用？

【答】画线部分是V对自己之前的陈述所作的陈述。只要该部分被视为传闻证据，根据《刑诉法》第324条第2款的规定，若没有满足第321条第1款第3项的要件，就不能作为实质证据采用。而且，V不是陈述不能，因此不满足该要件。

然而，在近几年对相关问题的讨论中，有观点认为，证人对自己以前的检面陈述所作的证言也可以准用或者类推适用第321条第1款第2项后段的规定，将审判陈述而非检面笔录作为传闻例外采用。[①]这样做的出发点是为了在裁判员审判中，尽可能地不使用陈述笔录进行证明。

但是，刑诉法明确区分了检面笔录与以在检察官面前的陈述为内容的传闻陈述。向检察官作出的陈述作为传闻例外受到特别对待的只有已被记录为具有原陈述人签名、盖章的陈述笔录的陈述。如果以被告人以外的人在检察官面前的陈述为内容的传闻陈述与检面笔录成为传闻例外的要件相同，那么第2项前段即原陈

[①] 小幡雅二「裁判員裁判に残された課題——2号書面問題を中心に」筑波ロー・ジャーナル5号（2009年）75、91-93頁、長井秀典・福島直之「2号書面の採否が問題となる事案の審理」判夕1412号（2015年）105、114頁。但是，后者是假定证人不记得案发当时的情况认为自己的检面陈述正确而进行陈述的案例。

述人陈述不能的情况下，也应当广泛认可负责讯问的检察官的传闻证言。主张者应该是认为只有可以在法庭上对原陈述进行事后交叉询问的情况下，以被告人以外的人在检察官面前的陈述为内容的传闻陈述与检面笔录成为传闻例外的要件才能相同。但是，如此一来，就要认可检面笔录中没有原陈述人的签名、盖章时也可以根据第321条第2项后段的要件予以采用，否则将导致矛盾。这种解释在法律上没有依据。法律将检面笔录作为传闻例外认可宽松要件是因为期待检察官进行了相当于交叉询问的询问，在确认了可信性的基础上制作陈述笔录。以在检察官面前的陈述为内容的传闻陈述则没有这样的期待。因此，在该例题中，法院如果想采用V的检面陈述作为实质证据，就必须采用检面笔录作为证据。

（四）被告人的传闻陈述

《刑诉法》第324条只规定了被告人以外的人所作的传闻陈述的例外要件。这就使得被告人在法庭上所作的传闻陈述的处理出现问题。如果完全不认可传闻例外，则有失公允。因此，被告人的传闻陈述也准用第324条的规定是妥当的。[1]其结果是，如果原陈述人是被告人本人，则适用第322条的要件；如果原陈述人是被告人以外的人，则适用第321条第1款第3项的要件构成传闻例外。如果被告人在法庭上引用了某人的陈述并认为其属实，则可以视为被告人根据第326条第1款的规定同意采用该传闻陈述。

【例题11】X因勒死V的诉因被提起公诉，但对犯人性存在争议。在侦查阶段，有一份刑事警察和检察官制作的内容为X自白

---

[1] 松尾浩也监修『条解刑事訴訟法〔第5版〕』（弘文堂、2022年）962頁。

的陈述笔录，但上面没有X的签名、盖章。在法庭上，X对辩护人的提问作出如下回答："我确实对警察和检察官说过自己用绳子勒住V的脖子并致其死亡。但这是我为了庇护曾帮助过我的T而说的谎。T才是真正的罪犯。"这种情况下，法院可以将X的自白作为证据吗？

【答】这种情况与前一章中所探讨的几个例题有着相同的情形。X本人向侦查人员所作的陈述，即自白的部分属于传闻陈述。但是，该自白部分也可以准用《刑诉法》第324条第1款的规定。而且，自白的任意性没有疑问。因此，符合第322条第1款前段规定的"对不利事实的承认"，可以作为传闻例外采用。

三、再传闻证据的处理

（一）再传闻证据的含义

传闻证据中如果还包含他人的陈述，将该陈述作为陈述证据使用时，是再传闻证据。再传闻证据中如果还有传闻证据，则是再再传闻。严格来说，陈述记录书属于再传闻证据。但是，《刑诉法》第321条第1款和第322条第1款将有原陈述人签名、盖章的陈述记录书视为单纯的传闻证据。

（二）再传闻证据的例外要件

《美国联邦证据规则》第805条规定，如果各个传闻过程存在例外要件，再传闻证据也可以被采用。日本法中并没有这样的明文规定。然而，通常的理解是，如果各个传闻过程中存在相应的传闻例外的要件，则构成传闻例外。从法条进行说明的话，其根据是

《刑诉法》第324条。也就是说，将成为传闻例外的审判外陈述升格至与审判陈述同格的地位来考虑。这样的话则可以认为其内容就如同在法庭上被陈述，如果其中还有传闻证据，则与法庭上的传闻陈述相同，如果满足第324条规定的要件则构成传闻例外。

【例题12】X和Y因共谋杀害V的诉因被提起公诉。检察官主张，本案中Y负责指挥，X实施了犯罪行为。X从侦查阶段以来一直否认自己参与了犯罪。Y虽然在侦查阶段进行了自白，但是在审判中就此事始终保持沉默。检察官申请调查有Y签名和盖章的、主要内容为Y指挥X杀害V的检面笔录的证据。X和Y的辩护人对此均发表了"不同意"的意见。法院采用了该检面笔录作为证据，根据《刑诉法》第321条第1款第2项前段的规定将其作为指控X的证据，根据第322条第1款前段的规定将其作为指控Y的证据。该笔录中，有Y如下的陈述内容："着手实施后，我收到了来自X的'我已按照指示杀死了V'的报告"。法院可否采用该部分作为指控X的证据？

【答】这是有关再传闻证据的例题。通过将Y的检面笔录作为传闻例外采用，使检面笔录的内容等同于Y在法庭上所作的陈述。这就相当于该陈述中存在包含X的陈述的传闻陈述。X的这一原陈述是对Y的被告人自白，因此可以准用第324条第1款，根据第322条第1款前段的规定，作为传闻例外采用。[①]再者，传闻陈述中本来就不可能有原陈述人的签名、盖章，所以Y的检面笔录中不需要有X的签名、盖章。通过Y再现的X陈述的准确性，是由

---

① 最判昭32·1·22刑集11卷1号103页（共同被告人的检面笔录中被告人自白案件）。

检面笔录的传闻例外要件担保的。

【例题13】被告人X因以营利为目的非法持有10克兴奋剂藏于家中的诉因被提起公诉。但是，X主张该兴奋剂是帮Y代为保管的，自己并没有营利目的。检察官申请调查X的女性朋友W的日记证据。证明内容是"X贩卖兴奋剂的价格"。W的日记本中某年某月某日一栏中有如下记载："我在X的衣柜抽屉里发现了装有白色粉末的塑料袋。X从我手上拿起该袋子，说：'这是我在卖的兴奋剂。我从Y那里花100万日元进了20克，0.1克卖15000日元。不要跟任何人说。'我很害怕。"W已经死亡。辩护人对此发表了"不同意"的意见。该日记成为传闻例外的条件是什么？

【答】本例题与第一章例题9、第四章例题9相同，是将平成20年司法考试真题简化后的例题。从证明内容来看，待证事实是X买入和卖出兴奋剂的价格。要推断出这一内容，首先需要W的日记记载准确无误。该日记成为传闻例外需要满足《刑诉法》第321条第1款第3项规定的三个要件，即①W陈述不能；②对证明犯罪事实的存在具有不可欠缺性；③需要绝对的特信情形。在此基础上，X的言论符合第322条第1款前段规定的对不利事实的承认。在本例题中，对任意性应该没有争议。

（三）应用问题

当几个传闻过程相互重叠时，就需要进行复杂的证据能力判断。在这种情况下，首先应以法庭中出示的资料作为出发点，按照从中可以直接推认出什么，进一步可以推认出什么的顺序依次进行思考，分阶段地思考待证事实。在推认的各个阶段中，如果有作为陈述证据使用的情况，则要考虑其是否具备传闻例外的要件，这样会更容易理解。

【例题14】X因于2023年10月25日杀害其妻子V后，与Y一起将尸体埋在山中遗弃的诉因被提起公诉。X从侦查阶段开始一直否认指控的事实。Y在案发后自杀。检察官以"存在杀人和遗弃尸体的犯罪事实"为证明内容，申请调查刑事警察K制作的侦查报告书的证据。报告书的主要内容是从Y用过的电脑的邮件发送记录中打印出的一封发给情人A的邮件中有如下内容："发件人：Y。收件人：A。发送时间：2023年10月27日22：57。邮件名：一辈子的秘密。26日晚，X突然来找我，①'昨天，我与V吵架时急了眼，将她杀死了。尸体在汽车的后备箱里'。然后，②'为了藏匿尸体，我准备把她埋在十文字山，你来帮帮我'。我虽然很害怕，但无法拒绝X的请求，于是坐上X的车去了十文字山，在一片漆黑中，我们两人掩埋了V的尸体。这是一辈子的秘密。"辩护人对该申请发表了"不同意"的意见。在具备什么要件时，法院可以采用该侦查报告书作为证据？另外，A已经在法庭上作证称自己收到了Y的这封邮件。

【答】该例题是将平成23年司法考试真题简化后的例题。首先，侦查报告书是K制作的陈述书。它被用来推认Y用过的电脑中确有如附件所示的邮件发送记录，所以属于传闻证据。如果将其视为实地确认笔录的一种，则根据《刑诉法》第321条第3款的规定，在满足K作出真实制作证言的条件时成为传闻例外。其结果是，可以推认Y通过电子邮件向情人A进行了这样的陈述。Y的这一陈述也是陈述证据，所以属于再传闻。因此，如果满足第321条第1款第3项规定的要件，则作为Y的陈述书构成传闻例外。由于Y已死亡，属于陈述不能，如果没有其他有力的证据，则该陈述也具有不可欠缺性。此外，如果能够判定该电子邮件是在特别应该信任的情况下书写的，则Y的陈述可以作为证据采用，进而可以从中推断Y本人的经历和行为。在Y的经历中，X的发言里，②的要求Y协助遗弃尸体的部分不是陈述，所以不属于传闻。但是，①的X谈及杀害V的部分属于再再传闻，因为如果不将X的陈述作为陈述证据使用，就无法用来证明犯罪行为。X的这一陈述是被告人对不利事实的承认，而且其任意性没有疑问，因此可以根据第322条第1款前段的规定作为传闻例外采用。

【例题15】K警部得到X私自出售手枪的情报，遂进行了侦查。在此过程中得知Y曾从X手中购买过手枪。于是K警部联系上Y，委托Y再次向X提议卖一把手枪给Y，Y答应了。Y与X在"罗格朗"咖啡馆会面，经交涉，最终商定以150万日元的价格购买一把手枪。Y用IC录音机对这一交涉过程进行了秘密录音。两人分开后，Y马上用自己的声音录制了与X的对话内容的说明。X给Y寄送了手枪。此后Y因卷入暴力团的斗争而身亡。检察官以X违反《枪刀法》以营利为目的向Y出售手枪的诉因而对其提起了公诉。检察官以"存在X与Y之间关于买卖手枪的对话及其具体内容"为证明内容，申请调查K警部制作的侦查报告书的证据。报告书的主要内容是K警部在回放Y的IC录音机的录音时听到了如下内容。

Y：X，能跟之前一样120万日元……（听不清）一个给我吗？

X：最近警察查得严，筹货困难。150万日元的话可以想想办法。

Y：我可以先付50万日元定金，剩下100万日元等拿到货后再付款行吗？

X：可以吧。但是，你一定不要告诉其他人哦。

（5分钟沉默）

Y：我刚才将我与X在'罗格朗'的对话进行了录音。如录音的内容，我让X出售一把手枪给我，商定的价格是150万日元。

辩护人对此发表了"不同意"的意见。假设诱惑侦查和秘密录音的问题不影响其证据能力，那么法院在具备何种条件的情况下可以采用该侦查报告书作为证据呢？

【答】该例题是将平成22年司法考试真题简化后的例题。首先，如果将K警部制作的侦查报告书视作实地确认笔录的一种，按照《刑诉法》第321条第3款的规定，以K的真实制作证言为条件，可以将其作为传闻例外采用。据此，可以推断Y使用的IC录音机中录有上述内容的声音。在此基础上，由于X与Y之间交涉的部分不是他们各自对事实的陈述，而是双方的意思表示，因此，仅凭该对话的存在就可以推认存在买卖违禁品的交涉和协议。因此，不属于再传闻。与之相对，Y对录音内容的说明部分只能视为Y的陈述证据，所以属于再传闻证据。其传闻例外的要件是《刑诉法》第321条第1款第3项。Y已死亡，所以是陈述不能。对话中相当于"手枪"的那部分无法听清，因此它对于证明犯罪事实也应该具有不可欠缺性。此外，如果能够判定Y的这一陈述中存在绝对的特信情形，则可以将其作为传闻例外采用。

四、小结

本章明确了《刑诉法》第323条规定的业务上的书面材料的

传闻例外要件与传闻陈述的传闻例外要件。其中,还探讨了如判决书的证据能力、收据可否作为非传闻使用及以自己的陈述为内容的陈述的传闻性等疑难问题。此外,在传闻陈述适用传闻例外的方面,还探讨了再传闻证据的处理问题。

第十一章
依据当事人意思的传闻例外

一、依据同意的传闻例外

《刑诉法》第326条规定:"检察官和被告人同意作为证据的书面材料或者陈述,仅限于考虑到制作该书面材料或者进行陈述时的情况并认为适当时,不受第321条至前条规定的限制,可以作为证据。在被告人未出庭也可以进行证据调查的情况下,如果被告人不出庭,视为已有前款的同意。但代理人或者辩护人出庭的,不受此限。"

这一规定意味着,即使是不符合第321条至第324条的传闻例外的审判外陈述,只要双方当事人同意将其作为证据,便可以作为传闻例外采用。也就是以当事人的意思为依据被认可的传闻例外。由于申请调查证据的一方必然会同意,因此,实际上有对方的同意即可。作为同意的对象的传闻证据包括陈述代用文书和传闻陈述这两者。准用陈述代用文书的陈述的录音、录像记录亦是同意的对象。以本法条的同意为根据而采用的书面材料称为同意书面材料。

法律之所以认可这种传闻例外,是因为同意采用审判外陈述作为证据的当事人至少没有当面进行交叉询问的意思,因此没有保障这一机会的必要;而且即使让其在法庭上作出陈述,如果对方不进行交叉询问,可以推测事实认定的结果与将书面材料等作为证据的情况并无区别。

实务中,对诉因没有争议的所谓的自白案件中,对于检察官申请陈述代用文书的证据,辩护人悉数同意的情况很多。即使在不认罪的案件中,对于没有争议的事实使用同意书面材料的情况也并不少见。同意书面材料被用于提高证据调查的效率。但是,也有观点认为,特别是在裁判员审判的案件中,为了通过实际感受来认定事实,重要的陈述应当在法庭上作出,而不应使用同意书面材料。

二、同意的要件

(一)辩护人能否同意

法条没有将辩护人列为同意权人。但是,《刑诉规则》第190条第2款规定,在决定是否采用依申请的证据前,"必须听取对方或者其辩护人的意见"。在实际庭审中,法院通常只询问辩护人的意见,而不会特意确认被告人的意见。通常认为辩护人的同意是作为基于全面代理权的诉讼行为而有效的。这种辩护人的全面代理权有别于独立行为权和独立代理权。根据《刑诉法》第41条的相反解释,基于全面代理权的诉讼行为不得违反被告人本人的意思。[①]因此,最终还是被告人本人的意见优先。

---

① 在美国法中,这种诉讼技术性判断被作为律师的专家裁量领域,委以辩护人判断。

【例题1】X因殴打V并致使其受伤的伤害的诉因被提起公诉。在是否认罪的确认程序中，X承认诉因事实无误。辩护人也阐述了对诉因事实没有异议的意见。检察官以"被害情况"为证明内容，申请调查V的检面笔录的证据，辩护人对此发表了"同意"的意见。法院在没有确认X本人意见的情况下，采用了该检面笔录进行证据调查。X对此没有发表任何意见。法院采用该证据合法吗？

【答】从证明内容来看，V的检面笔录显然是传闻证据。但是，辩护人同意采用该检面笔录。X本人在法庭上承认了诉因事实且对证据调查没有发表任何意见的情况下，可以推定基于这种辩护人全面代理权的同意与X的意见一致。因此，作为有被告人的同意的证据，根据第326条第1款的规定，采用该证据是合法的。最决昭26·2·22刑集5卷3号421页（辩护人的同意有效案件）也对此予以认可。

【例题2】将例题1的案情稍作修改，假设辩护人阐述了"同意"的意见，对此X说道："V在夸大其词，我不希望对该笔录进行调查。"法院可以采用V的检面笔录吗？

【答】辩护人对传闻证据的同意是基于全面代理权，因此不能违反被告人本人的意思。其结果是被告人的意见优先，相当于不存在《刑诉法》第326条第1款所规定的同意，只要不符合其他的传闻例外要件，V的陈述笔录就不能作为证据采用。

辩护人同意采用传闻证据时，即使被告人没有明确表示反对意见，在能够看出辩护人的同意违背被告人的合理意思的情况下，辩护人的同意也无效。

【例题3】X与Y共谋，在V家盗窃了一台照相机。X因盗窃的共同正犯的诉因被提起公诉。在是否认罪的确认程序中，被告人表示："我没有盗窃。我只是从Y那里买了一台二手的照相机。"但是，辩护人发表了"对公诉事实没有异议"的意见。检察官以"犯罪情况"为证明内容，申请调查Y的检面笔录的证据。该笔录的内容是他与X一起潜入V家，并偷走了照相机和现金等物品。对此，辩护人发表了"同意采用"的意见。法院随即采用了这份笔录证据并进行了证据调查。就调查Y的检面笔录，X没有发表任何意见。法院采用该证据合法吗？

【答】采用该证据不合法。由于被告人本人与辩护人在是否承认诉因上意见相左，因此不能推定辩护人的同意与X的意见一致。除非被告人本人明确表示同意，或者符合其他传闻例外要件，否则不能采用该笔录作为证据。最决昭27·12·19刑集6卷11号1329页（辩护人的同意无效案件）也采用了相同的结论。[①]

即使如例题3所示，被告人本人与辩护人之间就同意与否并无意见分歧，但将被告人的主张与传闻证据的内容进行衡量时，如果同意该传闻证据的采用违背被告人的合理意思，则辩护人的同意无效。

【例题4】X因自己使用兴奋剂的诉因被提起公诉。在是否认罪的确认程序中，X表示："我是在Y的诱骗下喝下了兴奋剂，并非故意使用。"辩护人也表达了同样的意见。检察官申请调查①从被告人尿液中检测出兴奋剂成分的由G制作的鉴定书；②以

---

① 该例题中辩护人的行为在没有特殊理由的情况下，违反《律师职务基本规程》第22条第1款和第46条的规定，构成惩戒的理由。

应被告人的要求给其注射了兴奋剂为内容的Y的检面笔录等。就证据①和证据②，辩护人发表了"同意采用证据"的意见。法院可以根据第326条第1款的规定采用这些证据吗？

【答】①鉴定书，其内容与X的主张不矛盾，所以没有理由认为辩护人的同意违背了被告人的意思。因此，可以作为同意书面材料采用。与之相对，②陈述笔录的内容明显与X本人的主张相矛盾。如果X对其进行理性的判断，同意采用该证据是不符合常理的，因此，只要被告人没有明确表示同意，就应当按照不存在同意的情况处理。大阪高判平8·11·27判时1603号151页（使否认无意义的同意传闻证据案件）也认可在辩护人与被告人就同意与否意见一致的案例中，就"使被告人否认的陈述内容归于无意义的内容的证据"，仅有辩护人的同意时不能予以采用。

在这些认为不能仅凭辩护人的同意予以采纳的案例中，法院在采用证据之前本应该先确认被告人本人的意见。然而，即使法官直接询问被告人是否同意采用传闻证据，也无法得知被告人能否理解问题的意思而作出正确的回应。对于不是刑事法专家的被告人来说，通常很难理解同意采用传闻证据的含义。此外，由于法官询问方式的不同，也可能会导致法官暗示不信任辩护人的结果。

【例题5】在例题4的案例中，法院应该怎样决定是否采用②Y的检面笔录？

【答】通常不宜询问被告人本人"你同意采用证据吗？"先询问辩护人发表"同意"意见的理由比较好。此时，如果辩护人解释了作为诉讼应对是合理的考量结果，[①]再询问被告人本人"是否同意辩护人的意见"。如果被告人表示"同意"，就应该可以将Y的检面笔录作为同意书面材料采用。当被告人表示"不知道"或者"不同意"时，则不应该作为同意书面材料采用。对于法官的询问，辩护人不能说明合理的理由时，对于是否采用该证据应予保留，并敦促其与被告人进一步协商。

在申请调查证据的阶段，法院并不知道书类证据的具体内容。因此，根据辩护人的同意作为同意书面材料采用后进行审查，有时也可能会出现判明其内容与被告人主张相矛盾的情况。在这种情况下，应当在发现矛盾的当时再次确认辩护人和被告人的意见，如果持不同意的意见，就根据《刑诉规则》第207条的规定，作出排除证据的决定。[②]

（二）视为同意

对传闻证据的同意原则上需要有明确的表示。但是，《刑诉法》第326条第2款规定了即使没有明确表示同意，也视为存在同意的情况。其典型的例子是《刑诉法》第284条、第285条规定的轻微案件中被告人无须出庭的情况。但是，如果辩护人或者代理

[①] 关于被告方否认诉因事实，同时又同意采用检察官申请的陈述代用文书的理由，参见長岡哲治「被告人の応訴態度と法三二六条の同意」大阪刑事実務研究会『刑事証拠法の諸問題（上）』（判例タイムズ社、2001年）83頁。

[②] 也有依据辩护人的同意采用证据后，随着当时不明确的被告人主张逐渐明确，发现之前采用的传闻证据的内容与被告人的主张相矛盾的情况。大阪高判平29·3·14判时2361号118页认为这种情况下也应当作出排除证据的决定。但采用证据后因被告人的主张发生重大改变导致主张与证据相矛盾的，因采用证据时辩护人的同意与被告人的意思一致，应该可以认为证据能力不变。

人已出庭，则必须听取其意见，不能作视为同意处理。

认可这种视为同意的立法目的多被解释为，如果被告人的意思无法得以确认，就会阻碍诉讼的进行。最决昭53·6·28刑集32卷4号724页（安田讲堂案件）也采用了这种观点。但是，如果忠实于禁止传闻证据规则，在不知道被告人的意思时，只要视作被告人不同意并决定是否采用证据即可。认可视为同意的目的是，应该被理解为未出庭的被告人没有对事实提出异议的意思，因此可以推定其也会同意采用传闻证据。

该昭和53年的判例认为，审判长为维护法庭秩序，责令被告人退出法庭，辩护人也随之退庭后，根据《刑诉法》第341条的规定进行审判的情况下，也可以适用第326条第2款的视为同意。其结果是视为同意具备了对违反秩序的被告人等的制裁功能。不过，应当注意的是，这是一个特殊的案例，因为从诉讼过程来看，即使进行证人询问，被告人、辩护人也不会进行交叉询问。[1]也有观点认为，当已经知道被告方不同意的意见时，原则上不应该适用该判例。[2]因被逮捕的被告人拒绝出庭，根据《刑诉法》第286条之2的规定，即使被告人不出庭也可以进行审理的情况下，能否适用视为同意，目前尚无相关的判例。

判例中不依据法条可以视为同意处理的情况表现出对传闻陈述的异议的懈怠。

【例题6】X因殴打V并致使其受伤的伤害的诉因被提起公

---

[1] 三井誠ほか編『新基本法コンメンタール刑事訴訟法』（日本評論社、初版、2011年）507頁〔河原俊也〕。

[2] 松尾浩也監修『条解刑事訴訟法〔第5版〕』（弘文堂、2022年）981頁。

诉，但X主张自己不是罪犯。控方证人W1在陈述了自己亲眼看到X对V的暴行后说："事发后第二天我遇到W2时，说起此事，W2说：'应该是因为X记恨V抢走了自己的女朋友吧。'"对于画线部分的证言，辩护人和X均没有提出异议。对证人W1的询问结束后，W1退出法庭。这时，辩护人站起来说："在证人W1的证言中，从W2那里听到的内容是传闻陈述，请将其从证据中排除。"法院应如何应对？

【答】《刑诉规则》第205条之2规定，关于异议的申请，"必须"在每个行为、处分、决定后"立即提出"。同规则第205条之4规定，原则上延误时机的异议申请应该予以驳回，但在涉及重要问题时，要求判断其有无理由。该例题中，虽然辩护人的异议已延误时机，但是由于涉及重要的事项，因此对理由进行判断是合理的。但是，如果准许这样的申请，会导致对方失去作出非传闻陈述形式的证言或者在证人询问时证明具有传闻例外要件的机会。作为法院来说也希望避免为此再次进行证人询问。因此，最决昭59·2·29刑集38卷3号479页（高轮绿色高级公寓案件）采用的解决方法是：对于传闻证言，如果没有无法立即提出异议等的特殊情况，直到证人询问结束对方也没有提出异议的，就视为存在"默示的同意"，认可传闻证言的证据能力。

但是，这一关于传闻陈述的视为同意的判例的法理与前文所探讨的关于对陈述代用文书的辩护人同意效果的判例的法理是否协调，仍存在疑问。在辩护人同意采用陈述代用文书的情况下，即使被告人保持沉默，如果书面的陈述内容与被告人的主张相矛盾，也会受到禁止传闻证据规则的保护。与此相对，对于传闻陈述，辩护人保持沉默的情况下如果被告人自己不提出异议就会失去禁止传闻证据规则的保护。这难道不是对被告人的过高要求吗？如果要调整这两种情况使之协调，对于与被告人的主张明显矛盾的传闻陈述，即使辩护人没有提出异议，审判长也应该确认被告人是否有同意的意思。但是，反过来说，这种做法是否符合当事人主义的交叉询问的证人调查方式，也是有疑问的。[①]

无论如何，不论是辩护人还是检察官，都应根据《刑诉法》第309条第1款的规定，立即、准确地对不利的传闻陈述提出异议。为此，需要熟练地掌握交叉询问。

（三）部分同意

对传闻证据的同意，也可以仅限于陈述代用文书的某一部分。在这种情况下，严谨的做法是将除去不同意的部分的抄本作为证据提出。这样做是为了不让法院看到不同意的部分。

三、同意的效果

关于同意传闻证据这一诉讼行为的性质，不同的论者之间存在放弃交叉询问权、赋予证据能力的处分行为、放弃责问权[②]等不同解释。但是，同意的效果涉及多个方面，因此将行为的性质断定为某一种从而演绎式地考虑如何解决问题，这种方法的效果并不明显。

[①] 以辩护人的活动为前提的交叉询问的构造与对传闻证据的同意以被告人本人意思优先的构造，两者可能本来就不协调。

[②] 大澤裕「刑訴法326条の同意について」法曹時報56卷11号（2004年）2557頁。

（一）适当性要件

如果有对方的同意，通常就会具有证据能力，因此实务中通常的做法是立即将其作为证据采用。然而，法条并不是无条件地认可基于同意的证据能力。需要具备"仅限于考虑到制作该书面材料或者进行陈述时的情况并认为适当时"的条件。

因此，即使有对方的同意，如果对其适当性有所怀疑，也必须进行确认。欠缺适当性的情况，是指诸如从陈述的情况来看虚假的可能性较大的情况，或者采用证据有损程序公正的情况。陈述笔录上没有原陈述人的签名、盖章这一事实本身并不妨碍将其作为同意书面材料采用。

【例题7】X因醉酒后与V打架并致使其受伤的伤害的诉因被提起公诉。在审判中，X承认了事实。检察官申请调查V的检面笔录和V的妻子W的员面笔录①的证据。W的员面笔录的内容是，她在不远处目睹了V被X殴打。由于辩护人对此均表示同意，法院采用了这两个证据并进行了证据调查。其后，辩护人在与V谈判交涉的过程中，得知W实际上并不在现场。W向辩护人提供了一份陈述书，内容是自己并不在现场，但由于丈夫V强迫其向警察提供目击陈述，因而作了虚假陈述。辩护人申请调查该陈述书的证据，法院采用了该陈述书。法院应如何处理W的员面笔录？

【答】从W的员面笔录的形成经过，判明将其作为证据采用并不"合理"。法院应根据《刑诉规则》第207条的规定，作出将W的员面笔录排除在证据之外的决定。

---

① 刑事警察面前的笔录。——译者注

（二）证明内容与同意的效果

对采用传闻证据的同意是以证据申请人提出的证明内容为前提。因此，只有在与证明内容相关的待证事实的范围内才赋予证据能力。这是一个有无证据能力的问题，不同于所谓的证明内容的约束力。只要对当事人双方来说不是出其不意的，则证据申请人提出的证明内容对事实认定者的心证形成没有约束力。但是，一般的理解是依同意产生的证据能力只限于成为同意之前提的证明内容。①

【例题8】X因于2023年10月30日凌晨1时左右，在国分寺市内的V家中用登山刀抵住V胁迫，使其无法反抗后抢劫现金的抢劫的诉因（公诉事实之1），以及同年11月13日在国分寺市内W经营的食堂内吃霸王餐的诈骗的诉因（公诉事实之2），被提起公诉。在是否认罪的确认程序中，X承认了诈骗的事实，但否认了抢劫，并称直到吃霸王餐那天为止已有10年没有去过国分寺市。辩护人表示："与被告人意见相同"。检察官以公诉事实之2的"被害情况"为证明内容，申请调查W对刑事警察所作的陈述笔录的证据。由于辩护人对此发表了"同意"的意见，法院采用了该证据。经调查发现，W的陈述中有如下内容："这个吃霸王餐的男人以前没怎么见过，但是在11月13日的大约两周前曾来过我店里。"

---

① 福冈高判昭29·9·16高刑集7卷9号1415页是在存在多个公诉事实时，将与检察官作为同意书面材料的证明内容提出的公诉事实不同的公诉事实的证据使用的判例。该判例以被告人对作为该公诉事实的证据的问题也有默示的同意为由认为上述做法合法。这是考虑到了被告人对多个公诉事实都没有提出争议而作出的救济性判例，不是应该作为实务范例的做法。

法院在进行事实认定时，可以将其作为公诉事实之1的证据吗？此外，辩护人的处理方式有无问题？

【答】辩护人同意采用W的员面笔录是将其作为没有争议的公诉事实之2的证据为前提。该同意书面材料不能作为有争议的公诉事实之1的证据来考虑。如果认为辩护人对这样的使用方法也表示同意，则会成为违背被告人合理意思的同意而无效。往前追溯，辩护人通过证据开示应该已经得知笔录的内容，作为部分同意，应该避免法院看到"大约两周前"的部分。

（三）申请询问证人权

有观点认为，同意采用陈述代用文书的当事人因已放弃交叉询问权，所以不能申请对该陈述人进行证人询问。这也是对同意采用陈述代用文书的同时又争论可信性的这种不彻底的方法的警示。但是，从当事人的不当面进行交叉询问也可以采用书面材料证据的意思表示大体认定该陈述人失去证人询问权的效果是不妥当的。一般法院也不准许出现这样的结果。[①]

（四）对欠缺任意性自白的同意

有一个问题是，对于因禁止传闻证据规则以外的理由而不具有证据能力的证据，如果被告人同意，那么其是否具备证据能力。《刑诉法》第326条是直接认可同意传闻证据的法条。但是，如果说被告人有对证据能力的处分权，就会产生在其他情况下是否也可以准用这种思考方式的问题。

---

① 松尾浩也监修『条解刑事訴訟法〔第5版〕』（弘文堂、2022年）967頁。

其中一个例子是，如果被告人同意，欠缺任意性的审判外自白是否可以作为证据采用。具体而言，就是《刑诉法》第319条第1款自白规则的问题。笼统地说，同意的有效性，应视通过否定该自白的证据能力所应保护的利益是否属于被告人本人可以放弃的性质的利益而定。

【例题9】X作为主管经理，因私吞公司的钱款的职务侵占的诉因被提起公诉。在是否认罪的确认程序中，X称："如起诉书所言我使用了公司的钱款，被判处有罪也是应当的。"在对甲号证据进行调查后，作为乙号证据，检察官以"犯罪情况"为证明内容，申请调查X对刑事警察K警部辅和检察官作出的陈述笔录。对此，因辩护人发表了"同意"的意见，法院也采用了该证据进行了证据调查。在下一个审判期日，X在回答辩护人的提问时作了如下陈述："私吞公司的钱款是事实，我在反省。但是，在案件侦查过程中，我在警察讯问时保持沉默，K警部辅就殴打了我的脸十下左右，还踢了我的腿。我忍受不了才作了自白。我对警察的做法表示抗议。"法院认为X关于警察讯问的陈述具有相当的可信性。法院应该怎么做？

【答】虽然有《刑诉法》第326条的同意，但是如果X所述的讯问的情况属实，那么采用这些陈述笔录作为证据便有损程序的公正性，是不妥当的。X在审判中也进行了自白，据此可以认定构成犯罪的事实。没有必要非要采用讯问犯罪嫌疑人的方法存在疑问的自白笔录。法院应当根据《刑诉规则》第207条的规定，作出将X的员面笔录和检面笔录排除在证据之外的决定。大阪高判昭59·6·8高刑集37卷2号336页（对因遭受暴行而作出的自白表示同意案件）是与之类似的案例，该判例认为，原审法院没有重新调查自白笔录的任意性而将其作为同意书面材料采用是违法的。

然而，如果排除自白的唯一的理由是有虚假自白的类型化风险，就存在根据被告人的同意予以采用的可能性。这是因为所谓的虚假自白的排除也与禁止传闻证据规则一样，属于法律关联性的限制，同样可以认可当事人的处分权。

（五）对非法收集证据的同意

还有一个问题是，原本应当作为非法收集证据予以排除的证据，在被告人同意采用该证据的情况下，其证据能力能否恢复。最高法院的判例曾指出，即使是非法收集的证据，如果被告人同意采用，也具有证据能力。[①]但是，这是在判例确认存在排除规则之前的判例，而且具体来说是确认扣押过程中没有违法的案例，因此不能将其作为关于同意效果的先例依据。

在这里同样地，同意的效果应视排除该证据所应保护的利益是否属于被告人可以放弃的性质而定。

【例题10】X因持有兴奋剂的诉因被提起公诉。检察官申请调查刑事警察K根据令状在X家扣押的兴奋剂以及证明其为兴奋剂的鉴定书的证据。对此，辩护人表达了"对这些物品没有异议，同意采用该鉴定书"的意见。法院采用这些证据并进行证据调查。但是，在审判过程中发现，扣押该兴奋剂的搜查扣押许可状是K将以Y的名义伪造的陈述笔录作为说明材料向法官申请签发的。法院应当如何处理这些证据？

---

① 最大判昭36·6·7刑集15卷6号915页（犯罪嫌疑人回家前的无令状搜查案件）。

【答】在扣押该兴奋剂的过程中，存在无视令状主义精神的重大违法。法院不能无视警察欺骗法官获取令状的行为，因此，认可兴奋剂及其鉴定书的证据能力是不妥当的。[①]排除该证据是为了遵守宪法所规定的令状主义，而不是对被告人可以放弃的性质所作的限制。因此，即使辩护人表示"没有异议"或者"同意"，也应当否定这些证据的证据能力。法院应当根据《刑诉规则》第207条的规定，将其排除在证据之外。在类似的案件中，福冈高判平7·8·30判时1551号44页（伪造笔录案件）否定了可以根据被告人的同意恢复证据能力。[②]

四、合意书面材料

（一）解读法条

《刑诉法》第327条规定：

若检察官与被告人或者辩护人达成合意，将文书的内容或者审判期日出庭时预想作出的陈述内容记入书面材料提交的，法院在对该文书或者应进行陈述的人不进行调查的情况下，也可以将该书面材料作为证据。此种情况下，不妨碍对该书面材料的证明力进行质证。

这意味着当事人双方就预想作出的陈述内容协商一致并总结

[①] 参见最判昭53·9·7刑集32卷6号1672页（大阪兴奋剂案件）。

[②] 该判决认为，在扣押物品过程中"（存在）侵害宪法上的不准许当事人放弃的权利"。但是，正如基于同意搜查、任意提出的扣留所示，宪法第35条的保障本身也是个人可以作出个别的放弃的。准确地说，被告人不能放弃的是保持令状主义这一制度的社会利益。

而成的书面材料,可以作为传闻例外采用。这种书面材料称为合意书面材料。合意书面材料是基于当事人意思的传闻例外,在这一点上与同意书面材料的性质相同。但是不同之处在于,同意书面材料是由对方同意采用另一方当事人提交的陈述代用文书作为证据,而合意书面材料是基于双方当事人的合意而制作的新的书面材料。正如法条所示,制作合意书面材料也可以通过对已有的文书内容进行概括而成。

与经常被使用的同意书面材料相比,合意书面材料却很少被使用。一方面,随着裁判员制度的设立,合意书面材料作为一种简洁地证明没有争议事实的手段,重新受到了关注。《刑诉规则》第198条之2要求对没有争议的事实进行适当证明,其中也提及了合意书面材料。实务中,涉及合意书面材料的案例仍然很少。另一方面,作为简洁地证明没有争议事实的手段,出现了检察官制作的综合侦查报告书的形式。综合侦查报告书是从鉴定书、实地确认笔录和侦查报告书等文书中挑选并概括没有争议的事实要点的书面材料。其形式上是同意书面材料,但其作用与合意书面材料相近。

也可以像综合侦查报告书那样,将几份陈述或者陈述代用文书的要点概括为一份合意书面材料。

(二)效果

协议的对象不是待证事实的存在本身,而是所预想的陈述内容。因此,合意书面材料并不像民事诉讼中的自白那样对法院的事实认定具有约束的效果。法条中保留了协议当事人对合意书面材料的证明力提出异议的权利也证实了这一点。但是,一般的理解是，不允许为了对陈述的证明力提出异议而要求对原陈述人进行证人询问，因为这样做是自相矛盾的。

尽管如此，就陈述内容协商一致的当事人一般都不会对待证事实提出异议。因此，对于合意书面材料中的事实，只要没有特别的疑问，就可以视作被证明过的事实来处理。

【例题11】X因对V实施不同意猥亵的诉因被提起公诉。在是否认罪的确认程序和对被告人的讯问过程中，X承认了诉因事实。虽然被害人V向检察官陈述了被害事实，但V以害怕被X记恨为由，拒绝在陈述笔录上签名、盖章。并且说如果可能的话，也不想出庭作证。于是，检察官和辩护人向法院提交了以V的被害陈述的要点为内容的合意书面材料。仅凭被告人的审判陈述和该合意书面材料可以认定有罪吗？

【答】这是合意书面材料是否属于《刑诉法》第319条第2款、第3款规定的补强证据的问题。如果予以认可的话，就会导致仅凭被告人承认犯罪事实且不提出异议为理由就认定被告人有罪，这有悖于第319条第3款的规定。因此，应当认为合意书面材料不能成为自白的补强证据。

第十二章
共同被告人与传闻证据规则

一、合并审理与证据关系的个别性

当X与Y两者的被告案件的法庭辩论环节被合并,且案件被一并审理时,X与Y的关系就被称为共同被告人。合并审理的根据是《刑诉法》第313条第1款规定的辩论合并。从X的立场来看,Y也可以被称为同案被告人(反之亦然)。进行这种合并审理的原因有诸如可以提高证据调查的效率、便于实现共犯之间一致的事实认定、容易实现共犯之间的量刑均衡等。多数情况下,成为共同被告人是广义上作为共犯被起诉的人。但是,共犯不仅限于此。共同被告人的数量也可以是三人以上。检察官可以基于一份起诉书同时起诉多名被告人。有这种起诉时,多名被告人通常会被合并审理。

在民事裁判的共同诉讼中,某当事人提出的证据即使其他当事人不予引用,也理所当然地被认定为对所有当事人的证据。这就是共同诉讼中的证据共通原则[1]。与之不同,刑事裁判

---

[1] 笠井正俊=越山和広編『新・コンメンタール民事訴訟法〔第2版〕』(日本評論社、2013年)173頁〔堀野出〕。

的共同被告人之间，证据关系相互独立。[①]检察官申请作为对X的证据而采用的证据，则不能成为对Y的证据。因此，在有共同被告人的情况下，检察官必须明确表示是作为对双方被告人共通的证据而申请，还是作为对X或者对Y的证据而申请。一般格式的"证据等关系卡"中，都有填写该项内容的栏目。另外，因X的辩护人申请而被采用的证据，不会成为对Y的证据。

【例题1】X与Y因共谋抢劫V的现金，作为抢劫罪的共同正犯被提起公诉。审判中，X和Y均否认参与了犯罪。检察官在开庭陈述中表示，实行行为人是X。X的辩护人L1以X不在现场为证明内容，申请对W进行证人询问。Y的辩护人L2也想让法庭将W的证言作为对Y的证据。辩护人L2应该怎么做？

【答】为了将W的证言作为对Y有利的证据，辩护人L2也应该申请对W的证人询问。这也是为了有助于作出一致的事实认定。

共同被告人之间对是否同意采用传闻证据的意见不一致时，该传闻证据只能作为对同意采用传闻证据的被告人的证据，作为同意书面材料予以采用。要将其作为对不同意采用传闻证据的被告人的证据时，需要符合其他的传闻例外。但在合并审理的情况下，不适宜立即采用其作为对同意采用传闻证据的被告人的证据并进行调查。这是因为对于不同意采用传闻证据的被告人，裁判

---

① 民事裁判与刑事裁判为什么会有这样的不同是个颇有意思的问题。大概是因为民事重视法律关系的统一确定，而刑事更注重各被告人的诉讼权利。例如，即使X对某证据的证据能力没有异议，也不能据此对Y不利。

主体也有根据传闻证据形成心证的风险。

【例题2】将例题1的案情稍作修改，假设X既否认共谋也否认实行行为，Y主张X是单独犯。检察官申请调查以"犯人是X"为内容的V的检面笔录的证据。对此，X的辩护人L1表示"不同意"，Y的辩护人L2表示"同意"。作为指控X的证人，检察官申请询问证人V。法院是否应该立即采用V的检面笔录作为对Y的证据？如果不应该，应该怎么做？

【答】由于有Y的同意，因此作为对Y的证据，可以将V的检面笔录作为同意书面材料认可其证据能力。但是，如果立即采用此证据进行调查，则法院无法避免地会对X抱有预断。在对X的关系中需要对V进行证人询问，因此首先应该进行证人询问。届时，检察官应申请V作为对X、Y双方的证人。经过证人询问，如果证言的内容与V的检面笔录相同，则不再需要V的检面笔录，因此检察官应该会撤回证据申请。如果没有得到与V的检面笔录内容相同的证言，但是符合《刑诉法》第321条第1款第2项前段或者后段的要件时，则可以将V的检面笔录作为对X的第2项书面材料、对Y的同意书面材料采用。这样一来，X与Y的罪责可以根据相同的证据进行判断。如果V的证言内容与V的检面笔录不同，且不符合第2项前段或者后段的要件，若满足第326条第1款适当性的要件，V的检面笔录可仅作为对Y的同意书面材料采用。但是，在如被害人陈述这样重要的证据方面，分别通过不同的证据来认定X和Y的罪责的话，有可能无法作出一致的事实认定。另外，X与Y的主张存在明显的分歧。在这种情况下，应该考虑通过分别辩论推进审理（《刑诉法》第313条第2款、《刑诉规则》第210条）。①特别是裁判员审判的案件中，要求一位裁判员根据对每名被告人的不同证据进行事实认定，有可能会使裁判员陷入混乱。因此，如果预料到X与Y的主张会有较大的分歧，应当从一开始就分开辩论。②

二、共同被告人的审判陈述

（一）证人适格

在审判中，被告人可以保持沉默，也可以进行陈述。被告人任意陈述时，法官、检察官和辩护人在告知审判长后，可以向被告人发问。共同被告人或者其辩护人也可以进行这样的发问（《刑诉法》第311条）。被告人在审判中的陈述，无论其对被告人是否有利，都具有证据能力（参见《刑诉规则》第197条第1款）。

《刑诉法》第143条规定，"任何人"都可以作为证人被法院询问。但目前为止，在日本，一般的理解是被告人在自己的被告案件中不能作为证人。因此，被告人不能宣誓作证。理由是，如果使被告人成为证人便会丧失被告人所享有的沉默权，被告人即使不宣誓也可以进行陈述等。从历史沿革来看，这也受到了大陆法传统的不认可当事人的证人适格的影响。

---

① 关于共同被告人之间分别有同意、不同意陈述代用文书的主张时审理方法的各种可能性，参见吉崎佳弥「被告人の併合審理」松尾浩也＝岩瀬徹编『実例刑事訴訟法Ⅱ』（青林書院、2012年）198—200頁。

② 村瀬均「被告人複数の場合の公判手続」井上正仁＝酒巻匡编『刑事訴訟法の争点』（有斐閣、新·法律学の争点シリーズ、2013年）145頁。

此外，共同被告人在合并辩论的状态下也不能作为证人。这是日本司法实务中的普遍做法。

【例题3】X与Y因共谋杀害V1，被以杀人罪的共同正犯的诉因（公诉事实之1）提起公诉。此外，作为公诉事实之2，X还有作为单独犯对V2实施抢劫的诉因。如果Y看似对该公诉事实之2知情，法院能否将Y仅作为公诉事实之2的证人进行询问？

【答】一般认为，在合并辩论的情况下，共同被告人不能作为同案被告人的证人。[1] 其实质理由是，对于有作为被告人的权利的同时负有作为证人的作证义务的Y而言，将两者予以区分是十分困难的。

(二) 作为共同被告人的陈述

《刑诉法》第311条第3款准许共同被告人之间相互发问。这意味着共同被告人在法庭上的陈述也会成为同案被告人的证据。也就是说，X在法庭上的陈述也会成为对Y的证据。判例[2] 也认可共同被告人的审判陈述可以作为证据。

【例题4】X与Y因共谋在札幌抢劫V的现金，被以抢劫罪的共同正犯的诉因提起公诉。X与Y均否认曾参与本案。在审判期日，对于己方辩护人的发问，X回答称："案件发生时，我与Y一起在大阪的环球影城，因此有不在场证明。"该陈述能否成为对Y的证据？

【答】由于这是共同被告人X在审判期日的陈述，因此也能够

---

[1] 大阪高判昭27·7·18高刑集5卷7号1170页（共同被告人询问证人案件）。
[2] 最判昭28·10·27刑集7卷10号1971页（共同被告人的审判陈述案件）。

成为对Y的证据。[①]即使X对检察官的交叉询问保持沉默，也不会丧失其证据能力。

但是，如果共同被告人之间的主张相互对立，且X的陈述是对Y不利的内容，如何保障Y的交叉询问权就会成为问题。

【例题5】在例题4的案件中，在法庭上，对于己方辩护人的发问，X回答称："抢劫V是Y一人所为，我并没有参与。"Y的辩护人为争论该陈述的证明力，对X进行发问。但是，X只说："我拒绝回答"，并没有作出任何实质性的回应。Y的辩护人主张由于没有保障Y的证人询问权，因此应当将X的陈述从对Y的证据中予以排除。X是否有回答Y的辩护人发问的义务？另外，法院能否将X在审判中的陈述作为对Y的证据？

【答】X本身是被告人，所以没有回答Y的辩护人发问的义务。此外，即使其作了虚假陈述，也不构成伪证罪。X的这一陈述是在审判期日作出的陈述，如果按照忠于《刑诉法》第320条第1款条文的传闻证据的定义来看，则不属于传闻证据。但是，对于Y来说，存在没有保障其《宪法》第37条第2款规定的证人询问权的问题。在这种情况下，X作为被告人的沉默权与Y的交叉询问权相互对立，因此解决起来非常困难。上文的判例（最判昭28·10·27刑集7卷10号1971页共同被告人的审判陈述案件）认为，由于Y可以对X进行发问，所以将X的陈述作为对Y的证据不违反《宪法》第37条第2款的规定。根据判例的立场，X不回应Y的辩护人的交叉询问这一情况，是在评价陈述的可信性时进行考虑的事项。与之相对，有观点认为应该将其视为证据能力

[①] 但是，法院应预先向当事人确认X的陈述也是作为Y的证据为前提进行的询问。

的问题予以考虑，因为该观点强调Y的交叉询问权，且在这种情况下，通常可以说X的陈述的证明力较低。多数学说认为，如果X不能回答Y方的交叉询问，就不能将该陈述作为对Y的证据使用。[①]如果考虑X自愿进行陈述及对Y的交叉询问权的保障，这种情况则如后文所述，应该分开辩论，并让X作为证人进行宣誓，在课以陈述义务的基础上对其进行询问较为妥当。但该例题的设定有些特殊。现实中，一般进行这样的陈述的X即使作为共同被告人也会回答Y方的交叉询问。因为从X的立场上来看，如果希望自己所言被法院采信，那么合理的选择是回答交叉询问。即便如此，因为作为共同被告人的陈述即使是虚假的也不会受到伪证的制裁，所以像这样当X积极地作出归罪于Y的陈述的情况下，适当的做法是将辩论进行分离，并将X作为对Y的证人进行询问。

三、辩论的分离与证人询问

（一）被告人能否成为证人

为了将X作为Y的证人而对其进行询问，有必要分开进行辩论。但是，能否为了这种证人询问而无条件地分开辩论就成了问题所在。X原本是被告人，因此没有陈述的义务。换言之，X有保持沉默的权利。而且，作为证人接受询问时，对于不利的事项也有拒绝自证其罪权（《宪法》第38条第1款、《刑诉法》第146

[①] 宇藤崇ほか『刑事訴訟法〔第2版〕』（有斐閣、2018年）377頁、白取祐司『刑事訴訟法〔第10版〕』（日本評論社、2021年）372頁、酒井匡『刑事訴訟法〔第2版〕』（有斐閣、2020年）582頁など。

条）。但是，因为证人原则上负有作证的义务，所以在行使拒绝自证其罪权时，应当说明其这样做的理由（《刑诉规则》第122条第1款）。因此必须回答："可能会对自己不利，所以拒绝回答。"从理论上讲，不能因为行使拒绝自证其罪权，而对证人自身的罪责进行不利的推断。本来该证人询问就不应该是对X的被告案件形成心证的场景。但是，从X的立场来看，自然会担心如果其拒绝作证，会不会对法官的心证产生不好影响。而且，在日本的司法实务中，即使分开辩论，一般也是由同一审判组织进行审判。再者，也有作证后再合并辩论的情况。这种辩论的分离在学说上被称为"假分离"。[①]在这样的假分离的情况下，X自然会犹豫是否要在审判自己的被告案件的同一法官面前行使拒绝自证其罪权，这让其十分为难。

将共同被告人分开辩论从而使被告人成为证人所产生的另一个问题是，这种做法限制了X的辩护人委托权。作为被告人，其在法庭上可以随时寻求辩护人的援助和意见。但是，日本的诉讼法中，没有证人的辩护人这一角色。[②]因此，成为共犯的人在作证时，对于是否应该拒绝作证，也不能随时请求辩护人的帮助。作为被告人X的辩护人，即使在对Y的审判期日到庭，其身份也仅是旁听人员，无法进入证人席那一侧。

像这样将共同被告人分开辩论并作为证人进行询问，会限制被告人所享有的权利。在被告人X保持沉默时问题最为突出。

[①] 与之相对，辩论分离后，另行组成审判组织，且不再合并的做法称为"真分离"。松尾浩也『刑事訴訟法上〔新版〕』（弘文堂、1999年）316頁。

[②] 但是，《议会证言法》第1条之4认可议会中的证人在证言中接受律师辅佐人的协助。

【例题6】X与Y因共谋袭击V并致其重伤，被以伤害罪的共同正犯的诉因提起公诉。审判中，X保持沉默，而Y否认指控的事实。此时能否分开辩论并对作为Y的证人的X进行询问？

【答】最决昭35・9・9刑集14卷11号1477页（辩论分离后的询问证人案件）的立场是，即使将共同被告人分开辩论，并将其作为证人进行询问，也不会使其失去拒绝自证其罪权，因此这样并无不妥。[1]如果机械地套用这一观点，即使X保持沉默，只要分开进行辩论，就可以作为证人进行询问。但是，这样一来就会损害X作为被告人的权利。因此，权威的学说认为，在通常进行的"假分离"中，作为证人的X依然享有被告人的沉默权。[2]然而，真若如此，那么一开始便不宜将其作为证人进行询问。让保持沉默的被告人在审判自己的法官面前作为证人接受询问，即使分开辩论，实质上也违背了《刑诉法》第311条第1款对沉默权的保障。在这种情况下，即使强制性地进行证人询问，因为可以预料到被告人会拒绝作证，所以实际上也毫无意义。

如果X作为被告人自愿地进行陈述，且陈述内容与Y的主张一致，Y的交叉询问权的保障便无关紧要了。因此，应尊重X作为被告人的立场，避免对其进行证人询问。另外，如果要将主动进行陈述的X的陈述内容作为对Y不利的证据，保障Y的交叉询问权比保障X的沉默权更为重要，那么，如上文所述，宜分开辩论，将X作为证人进行询问。

---

[1] 最决昭31・12・13刑集10卷12号1629页也作出了同样判断。
[2] 松尾浩也『刑事訴訟法下〔新版補正版〕』（弘文堂、1997年）78頁。

（二）证言记录的证据能力

分开辩论后，在对Y的审判中询问作为证人的X时，即使是同一个法官，X的证言本身也自然不能成为对X的证据。即使后面再合并辩论，也依旧是如此。但是，当时的证言记录可能会作为传闻例外采用。

【例题7】X与Y因共谋杀害V，被以杀人罪的共同正犯的诉因提起公诉。在审判前整理程序中得知X准备承认诉因事实，而Y准备否认曾参与犯罪。法院将X与Y的辩论分离。在对Y的审判期日，X作为证人承认道："我与Y一起杀害了V"，并就犯罪的详细情况提供了证言。但是，在之后对X的审判中，X转而否认称："我没有参与杀害V。"检察官询问："你是否在Y的审判中作证说：'一起杀害了V'？"对此，X保持沉默。检察官申请调查对Y的被告案件的审判笔录中记载X证言的询问证人的笔录证据。法院能否采用该证据？

【答】对X来说，该证言记录是"被告人"的陈述记录书，且其内容是承认不利的事实。因此，根据《刑诉法》第322条第1款前段的规定，属于传闻例外。由于是在审判中放弃了拒绝自证其罪权而作出的陈述，其任意性毋庸置疑，因此法院可以采用该证据。上文中辩论分离后的询问证人案件的判例也认可了这一点。

四、共同被告人的审判外陈述

（一）作为传闻例外适用的法条

如果将共同被告人的审判外陈述作为陈述证据使用，那么其自然就是传闻证据。正如第四章中所述，这是"被告人以外的人"

的陈述，因此，将其作为传闻例外采用的根据是《刑诉法》第321条第1款规定。

【例题8】X与Y因共谋恐吓V交付现金，被以敲诈勒索的诉因提起公诉，两人均对指控的事实有异议。检察官申请调查X的检面笔录的证据。笔录的内容是"我与Y一起威胁V让其拿出钱"的陈述。对此，X的辩护人和Y的辩护人均发表了"不同意"的意见。若要将该笔录作为传闻例外采用，哪个法条可以作为其根据？

【答】若要采用该笔录作为对X的证据，由于这是"被告人的"陈述记录书，所以《刑诉法》第322条第1款可能成为其根据。而若要采用该笔录作为对Y的证据，由于这是"被告人以外的人"的陈述记录书，所以第321条第1款第2项可能成为其根据。最判昭28·7·7刑集7卷7号1441页（共同被告人的检面笔录案件）也确认了这一点。

当共同被告人的审判外陈述成为再传闻证据时，同样也要分别对每名被告人判断有无证据能力。

【例题9】X与Y因共谋恐吓V交付现金，被以敲诈勒索的诉因提起公诉，两人均对指控的事实有异议。检察官申请调查X的朋友F1发给F2的电子邮件的打印稿的证据。其内容是："X说：'我和Y一起威胁V勒索了金钱。'"F1后来下落不明。如果X和Y都不同意采用其作为证据，该电子邮件需要满足哪些法条的要件才能成为传闻例外？

【答】首先，为了满足作为F1的陈述书的传闻例外要件，需要《刑诉法》第321条第1款第3项的要件。在此基础上，作为对X的传闻例外，需要满足第322条第1款的要件。此外，因为这对于X来说是自白,所以需要第319条第1款的任意性要件。另外,为了采用其作为对Y的传闻例外,该电子邮件引用的X的发言需要满足第321条第1款第3项的要件。

（二）共同被告人的第2项书面材料

正如第四章中所述,判例认可共同被告人在法庭审判中保持沉默是陈述不能的原因。

【例题10】X与Y因共谋在V家中盗取现金等,被以盗窃的诉因提起公诉。审判中,X否认了诉因事实,Y保持沉默。检察官申请调查以"与X一起在V家中偷取了现金等"为内容的Y的检面笔录的证据。对此,X的辩护人发表了"不同意"的意见。法院能否将该笔录作为对X的证据采用?

【答】如果认为共同被告人保持沉默是陈述不能的原因,那么根据《刑诉法》第321条第1款第2项前段的规定,可以采用该笔录作为对X的证据。[1]

判例[2]认可了共同被告人的审判陈述也可能属于《刑诉法》第321条第1款第2项后段的相反陈述。

【例题11】在例题10的案例中,假设X与Y在被告人讯问程序中均作出了否认诉因事实的陈述。在这种情况下,能否将以共犯陈述为内容的Y的检面笔录作为对X的证据采用?

【答】Y在审判中作出了与自己的检面笔录相反的陈述。因此,如果先前的检面笔录存在相对的特信情形,根据《刑诉法》

---

[1] 札幌高判昭25·7·10高刑集3卷2号303页。
[2] 福冈高判昭26·9·17高刑集4卷10号1235页。

第321条第1款第2项后段的规定，可以将其作为传闻例外采用。

最判昭35·7·26刑集14卷10号1307页（共同被告人的否认答辩案件）认为，开庭程序中所谓的是否认罪的确认，即就《刑诉法》第291条第4款的被告案件的陈述中的共同被告人的否认也构成第2项后段的相反陈述。其依据是可以向同案被告人进行询问。日本司法实务中的做法确实是，作为是否认罪的陈述也可以成为对被告人的证据。但是，根据第2项后段的规定，要采用其作为证据，需要给予对检面陈述进行事后交叉询问的机会（第五章例题6）。

【例题12】X与Y因共谋对警察K施暴，被以妨碍执行公务的诉因提起公诉。在是否认罪的确认程序中，X和Y均表示："我没有对警察施暴。"检察官申请调查侦查阶段Y作出的、以"与X一起对警察K施暴"为内容的检面笔录的证据。X的辩护人和Y的辩护人对此均发表了"不同意"的意见。法院能否根据《刑诉法》第321条第1款第2项后段的规定，在没有就该检面陈述对Y进行被告人讯问的情况下，采用该笔录作为对X的证据？

【答】上述昭和35年最高法院的判例似乎是一起在侦查阶段向检察官作出了共犯陈述的共同被告人，在是否认罪的确认程序中否认了指控事实，但之后却在没有进行被告人讯问的情况下将检面笔录作为第2项后段书面材料采用的案例。但是，在法庭上不询问陈述人改变陈述的原因就认定存在相对的特信情形是不妥当的。即使采用共同被告人的检面笔录作为第2项后段书面材料，也应该保障对检面陈述进行事后交叉询问的机会。[①]

[①] 大阪高判昭32·3·29刑集12卷3号438页采用该立场。

（三）共犯陈述与自白规则的关系

通常情况下，共同被告人是作为共犯被追诉的人。当共同被告人的审判外陈述是承认作为共犯犯罪的内容时，就成为所谓的共犯的自白。

《刑诉法》第319条意义上的自白，是指以承认被起诉的犯罪事实为内容的被告人的陈述。共同被告人的共犯陈述对被告人来说不是自白，因此不能直接适用自白规则。但是，问题是对陈述人本人来说被否定了作为自白的证据能力的陈述可以作为第三人的有罪证据使用吗？就此问题目前尚无明文规定。应该首要考虑对于陈述人本人不能作为其自白使用的理由，是否同样适用于作为对第三人的证据使用的情况。将其视为自白规则的第三人效力的问题更容易理解。①

【例题13】X与Y因共谋伤害V，被以伤害罪的共同正犯的诉因提起公诉。X在侦查阶段和审判阶段均不认罪。Y在侦查阶段对刑事警察K警部辅作出如下陈述："我与X一起袭击了V"，并在笔录上签了名。但是，Y在此后的侦查和审判中均保持沉默。检察官申请调查Y的员面笔录的证据。对此，X的辩护人表示："不同意"；Y的辩护人表示："不同意，对任意性有异议。"经审理得知，Y的自白是在K警部辅告知其如下内容后随即作出的陈述："如果你老实承认犯罪事实，我就不将你其他的余罪移送给检察官。这样一来你应该能被判处缓刑。但如果你拒不认罪，我会

---

① 详细参见俊藤昭「自白法則の第三者効」『浅田和茂先生古稀祝賀論文集下巻』（成文堂、2016年）313頁以下。另外，《刑诉法》第325条的任意性调查不作为证据能力的要件已在第四章论述过。

把你所有的余罪都立案，你就等着被判处15年拘禁刑吧。"法院以任意性存疑为由，作出了不采用该笔录作为对Y的证据的决定。法院可以采用Y的员面笔录作为对X的证据吗？

【答】法院不应该采用Y的员面笔录作为对X的证据。一方面，对X而言该笔录的内容并非自白，因此不是自白规则的对象。另一方面，若要作为传闻例外采用则需要有《刑诉法》第321条第1款第3项的要件。由于Y一直保持沉默，陈述不能的要件是具备的。此外，如果其他有力的证据很少，也具备不可欠缺性的要件。然而，之所以否定作为Y的自白的证据能力，是因为审讯人员的利益诱导通常可能会导致虚假自白。因此，由于Y的员面笔录欠缺绝对的特信情形，不能作为传闻例外采用。

【例题14】X与Y因共谋伤害V，被以伤害罪的共同正犯的诉因提起公诉。X在侦查阶段和审判阶段始终拒不认罪。在侦查阶段，Y对P检察官作出"我与X一起袭击了V"的陈述，并在笔录上签了名。但是，在审判中，Y也进行了否认参与该案件的陈述。检察官申请调查Y的检面笔录的证据。对此，X的辩护人表示"不同意"，Y的辩护人表示"不同意，对任意性有异议"。经审理得知，Y的自白是在K警部辅告知其如下内容后随即向P检察官作出的陈述："如果你老实承认犯罪事实，我就不将你其他的余罪移送给检察官。这样一来你应该能被判处缓刑。但如果你拒不认罪，我会把你所有的余罪都立案，你就等着被判处15年拘禁刑吧。"对此P检察官并不知情。法院以没有阻断K警部辅利益诱导的影响为由，没有将该笔录作为对Y的证据采用。法院可以将该笔录作为对X的证据采用吗？

【答】为了使Y的检面笔录作为对X的证据成为传闻例外，需要满足《刑诉法》第321条第1款第2项后段的要件。Y在审判中进行了相反陈述。但是，由于该检面陈述对Y来说存在虚假自白的风险，因此不能认定其存在相对的特信情形。因此，也不应该作为对X的证据采用该笔录。

即使根据《刑诉法》第321条第1款第2项前段的规定，申请采用以共犯陈述为内容的检面笔录的证据，如例题14，当检面陈述存在不可信的情形时，也不应该予以采用。这类例题已经在第五章例题3和例题4中进行过探讨。

如果由于共犯陈述是非法所得的陈述而禁止将其作为对陈述人的证据使用时，那么是否亦禁止将其作为对第三人的证据使用，就成为是否应对申请排除的资格加以限制的问题。

【例题15】X与Y因共谋伤害V，被以伤害罪的共同正犯的诉因提起公诉。审判中X与Y均作出了否认诉因事实的陈述。检察官申请调查Y对P检察官所作的以"我与X一起袭击了V"为内容的陈述笔录。对此，X的辩护人表示"不同意"，Y的辩护人表示"不同意，对任意性和讯问的合法性有异议"。经审理得知，Y的检面笔录是P检察官在没有告知被起诉后处于逮捕期间的Y没有接受讯问的义务的情形下，进行讯问而获得的陈述。法院可以采用Y的检面笔录作为证据吗？

【答】无论是作为对Y的证据，还是作为对X的证据，都不应该采用。即使检察官能够对被起诉后处于逮捕期间的被告人进行讯问，也仅限于《刑诉法》第197条第1款主文规定的作为任意侦查的讯问。①因此，审讯人员应该事先明确说明没有接受讯问的义

---

① 最决昭36·11·21刑集15卷10号1764页（讯问被告人案件）。

务。在未告知该项权利的情况下对被告人进行讯问，属于对Y的严重的权利侵害。即使是具备《刑诉法》第321条第1款第2项要件的情况下，将这样的讯问所得的陈述作为对X的证据使用也有损程序的公正性，未来还可能会诱发非法讯问，因此是不妥当的。福冈高那霸支判昭53·11·24判时936号142页（共犯起诉后讯问笔录案件）的案例也与本例题相似①，该案也否定了讯问笔录对共犯的证据能力。

在下一章中，作为传闻证据规则的最后一个内容，将探讨《刑诉法》第328条的含义。

---

① 但是，该案例不是共犯作为共同被告人的案件。另外，理由还有直到第一次审判期日以后还进行了讯问。

第十三章

争辩陈述证明力的证据

一、作为辅助证据的审判外陈述

（一）法条的规定

《刑诉法》第328条规定："即使是根据第321条至第324条的规定不能作为证据的书面材料或者陈述，如果是为了在审判准备或者审判期日争辩被告人、证人及其他人的陈述的证明力，则可以作为证据。"

该法条表明，即使是不属于传闻例外的审判外陈述，也被准许作为有关审判陈述的证明力的辅助证据使用。

一般来说，辅助证据是指为了证明辅助事实的证据。辅助事实，是指提高或者降低关于主要事实存在与否的证据即实质证据的证明力的事实。降低某个实质证据的证明力的辅助证据称为弹劾证据；恢复被弹劾的证据的证明力的辅助证据称为恢复证据。实质证据在被弹劾前，提高其证明力的辅助证据称为增强证据。关于陈述证据的辅助事实包括陈述人的观察能力、观察条件、陈述的形成过程、记忆有无污染、陈述人的诚信度和利害关系等。

【例题1】根据《刑诉法》第328条的规定而采用的证据是否

应该在有罪判决理由的证据目录（第335条第1款）中列举？

【答】辅助证据本身不是推认"应构成犯罪的事实"的证据，因此不应该列举在证据目录中。但是，在说明事实认定的理由时可以涉及辅助证据。

（二）法条内容的理解

适用《刑诉法》第328条的典型例子是，在审判中作出陈述的人自己表示以前作出了与审判陈述相矛盾陈述的弹劾证据，即依据自我矛盾陈述的弹劾。这一点没有疑问。但是，对于除此之外在什么情况下可以适用本法条的理解存在分歧。

旧高等法院判例也曾经有以争辩审判陈述的证明力为目的，传闻证据通常会被允许使用的理解。但是，这就产生实质上通过传闻证据进行事实认定的结果，使禁止传闻证据规则失去了意义。因此，无论是高等法院的判例还是学说，多数主张本法条仅适用于依据自我矛盾陈述的弹劾。

学说中也有一种观点认为，第328条对于辅助事实是准许使用传闻证据的规定。另外，其他学说中也有片面的解释论，即检察官提交的证据仅限于依据自我矛盾陈述的弹劾，但是被告方提交的证据则不受此限制。在对基本理解存在这种分歧的时候，出现了一个重要的最高法院判例。

二、平成18年判例

（一）案情与判决内容

最判平18·11·7刑集60卷9号561页（东住吉放火案件）的案件中，被告人因在自家放火被提起公诉。在审理过程中，争论焦点之一是，被告人是否实施了灭火行为。控方证人W作证称，被告人赤裸上身来借灭火器，但是没有进行灭火。对此，辩护人申请调查火灾后负责调查的消防员制作的"听取情况书"。其中记载了W曾表示："赤裸的男子用灭火器进行了灭火。"由于检察官对此持"不同意"的意见，所以辩护人申请根据《刑诉法》第328条的规定采用该证据，但是法院没有予以采用。控诉审肯定了该判断。最高法院也肯定了这一判断，并宣布变更关于第328条的适用范围采用无限定说的高等法院的判例。就其理由，作了如下说明。

"《刑诉法》第328条是在审判准备或者审判期日中被告人、证人及其他人的陈述与该人在其他时间所作的陈述相矛盾时，通过准许证明作出了矛盾陈述的事实本身，以期削弱审判准备或者审判期日的该人陈述的可信性的规定。关于在其他时间作出了矛盾陈述的事实的证明，需要刑诉法规定的严格证明。这种理解才是适当的。

"因此，依照《刑诉法》第328条，被准许采用的证据应当是作出可信性存疑陈述的人的与之相矛盾内容的陈述，仅限于该人的陈述书、记录陈述的书面材料（仅限于满足刑诉法规定的要件的书面材料。）、听取了该人陈述的人在审判期日的陈述或者可以与这些视为同等的证据中出现的部分。

"本案书类证据是前述记录W陈述的书面材料，但由于该书面材料中没有W的签名、盖章，所以不属于上述的记录陈述的书面材料，且也没有可以与此视为同等的情况，因此应当不属于《刑诉法》第328条准许的证据。"

（二）判例的含义

如果按照文字理解该说明，共有三个要点。第一，《刑诉法》

第328条的适用对象仅限于作为审判陈述的弹劾证据的自我矛盾陈述。第二，作为辅助事实的自我矛盾陈述的存在必须进行严格证明。第三，只要严格证明是必要的，适用禁止传闻证据规则就是适当的，因此不能使用没有原陈述人的签名或盖章的陈述记录书。

判决内容的第一点限制了本法条的适用范围，否定了无限制的旧高等法院判例。从被告方的证据申请适用这一法条的做法来看，没有采用片面的构成论。判决内容的第一点和第二点否定了本法条是准许通过传闻证据证明辅助事实的规定的理解。

为了理解该判决内容的含义，确认依据自我矛盾陈述的弹劾推论构造就显得非常重要。自我矛盾陈述说明陈述人根据情况改变了陈述的内容。这其中至少有一个陈述一定是错误的。这说明陈述人不诚实，或者本身的观察或者记忆就存在模糊之处。据此就会削弱审判陈述的可信性。这种审判外陈述的使用方法因不以对该内容的真实性的期待为前提，因此是非陈述证据，理论上是非传闻。判例说明中的"证明作出了矛盾陈述的事实本身"也表明了这一点。因此，该判例认为第328条不是传闻例外，而是确认非传闻的规定。该法条注明了审判外陈述的存在本身可以成为辅助证据，同时确认了此时的使用方法仅限于作为辅助证据的使用。这样的理解忠实于禁止传闻证据规则，也与法条的历史沿革相适应，因此现在几乎成了共识。[1]

---

[1] 椎橋隆幸ほか『ポイントレクチャー刑事訴訟法』（有斐閣、2018年）407頁〔加藤克佳〕、宇藤崇ほか『刑事訴訟法〔第2版〕』（有斐閣、2018年）409—410頁〔堀江慎司〕、池田修・前田雅英『刑事訴訟法講義〔第7版〕』（東大出版会、2022年）462頁、上口裕『刑事訴訟法〔第5版〕』（成文堂、2021年）400頁、酒巻匡『刑事訴訟法〔第2版〕』（有斐閣、2020年）597頁など。

判决内容第三点中关于不能使用没有原陈述人的签名或者盖章的陈述记录书的判断理由可能有些难以理解。原因在于，《刑诉法》第321条第1款主文所要求的签名、盖章的要件是将陈述记录书作为实质证据的传闻例外采用的要件，而不是作为弹劾证据使用的要件。该说理的意思按照下面的说明比较容易理解。陈述书如果是以表示陈述存在为目的就不是陈述证据，是非传闻。与之相对，陈述记录书即使是以表示存在原陈述为目的，也是记录人的陈述代用文书，是传闻证据。但是，刑诉法在传闻例外要件的部分，将有原陈述人的签名、盖章的陈述记录书与陈述书作同等处理。同样，作为弹劾证据使用时也与之作相同处理。

（三）判例的适用

下面通过几个例题来确认对平成18年判例的理解。①

【例题2】X、Y和Z共谋，因以营利为目的非法持有兴奋剂的诉因于2024年1月被提起公诉。X否认持有兴奋剂。2024年3月25日，Y作为控方证人在审判期日作证称："我和Z按照X的指示，秘密贩卖兴奋剂。"辩护人以"对Y证言的证明力有异议"为证明内容，申请调查①有Y签名和盖章的、日期为2023年12月21日的对刑事警察的陈述笔录；②有Z签名和盖章的、日期为2023年12月20日的对刑事警察的陈述笔录的证据。这两个陈述笔录的内容都是"Y和Z两人秘密贩卖了兴奋剂，但与X无关"。法院应该

---

① 关于这个判例的理解详见笹倉宏紀「328条の意義」井上正仁·酒巻匡編『刑事訴訟法の争点』（有斐閣、2013年）176頁、後藤昭「供述の証明力を争うための証拠」『三井誠先生古稀祝賀論文集』（有斐閣、2012年）659頁。

采用这两项证据吗?

【答】①Y的陈述笔录是证人Y所作的自我矛盾陈述的记录,且有Y的签名和盖章,根据《刑诉法》第328条的规定,应当作为对Y的证言的弹劾证据采用。与之相对,②Z的陈述笔录不是证人Y的自我矛盾陈述。因此,如果想要通过该证据削弱Y证言的可信性,就需要期待Z的陈述内容属实。由于这属于传闻证据的使用,因此不能根据第328条的规定予以采用。本例题是将平成29年司法考试真题简化后的例题。在作答时,不仅要回答因判例仅限于自我矛盾陈述,所以不能采用身为他人的Z的陈述笔录的结论,还要解释实质性的理由,即说明如果采用该证据就会成为传闻证据,因此不能成为确定非传闻规定的第328条的对象。

就自我矛盾陈述的证明方法确认判例的适用。平成18年判例列举的能够用于证明自我矛盾陈述的证据有:与审判陈述人为同一人的陈述书,有该人签名、盖章的记录陈述的书面材料,听取了该人陈述的人在审判期日的陈述,或者可以与这些视为同等的证据。"可以视为同等的证据"包含陈述的录音记录。也可以将听取了该人陈述的人的检面笔录根据《刑诉法》第321条第1款第2项前段的传闻例外作为自我矛盾陈述的证据。审判中的陈述人自己作出承认以前的自我矛盾陈述的陈述时,该陈述也可以作为第328条的证据。如果审判中的陈述人承认以前的自己的陈述笔录中存在自我矛盾陈述,没有必要将陈述笔录本身作为证据采用。[①]在

[①] 伊丹俊彦ほか編『逐条実務刑事訴訟法』(立花書房、2018年)920頁〔髙橋康明〕。

这种情况下，第328条会作为准许询问之前的陈述内容的根据发挥作用。

【例题3】例题2的案例中，辩护人同样以"对Y证言的证明力有异议"为证明内容，申请调查刑事警察K警部制作的日期为2023年12月15日的侦查报告书中记载的以"Y承认和Z一起秘密贩卖兴奋剂，但X与此事无关"为内容的证据。法院应该采用该证据吗？

【答】该报告书记录了证人Y的自我矛盾陈述。但是，与陈述笔录不同，侦查报告书没有原陈述人的签名和盖章。因此，根据平成18年判例，不能作为《刑诉法》第328条的证据予以采用。其实质性理由在于，即使以表示存在Y的陈述为目的，也会成为传闻证据。这也是对平成29年司法考试真题进行简化后的例题。

【例题4】X于2023年11月殴打V并致使其受伤，被以伤害的诉因提起公诉。X在法庭上作出了否认的陈述。控方证人W1在审判期日作证说："我看到X殴打V。"其后，辩方证人W2在审判期日作证说："2023年12月我见到W1时，W1说：'袭击V的犯人是Y。'"检察官对此提出了对传闻陈述的异议。辩护人应该如何进行反驳？

【答】辩护人应该进行如下反驳。因为W2证言中所说的W1的发言是W1的自我矛盾陈述，是削减W1所作的证言的证明力的证据，因此根据《刑诉法》第328条的规定应当被准许。需要特别注意的是，这种情况下，不是以W1的审判外陈述的可信性为前提，因此该证言是非传闻。

【例题5】在例题4的案例中，控方证人W3在审判期日作了如下证言："2023年12月见到W4时，W4跟我说：'X说过他曾经狠狠地打了V。'"对此，辩护人以这是传闻陈述为由提出异议，而检察官反驳称："W4的发言是对被告人X在法庭上作出的否认陈述的弹劾证据，因此根据《刑诉法》第328条的规定，是被准许的证据。"法院应该如何判断？

【答】法院应当将该证言从证据中排除。如果X真的对W4说了那样的话，那么确实是X的自我矛盾陈述。但是，法庭上作证的W3并不是直接听到了X的发言，而是由W4转述的。因此，就成了以证明存在X的发言的目的而使用W4的审判外陈述这一传闻证据的结果。这不能成为严格的证明，因此不能被准许。这里不能陷入因X的发言不是传闻证据，所以作为证明其存在的W4的陈述也就不是传闻证据的误解。

【例题6】X殴打V并致使其受伤，被以伤害的诉因提起公诉，但X主张自己不是罪犯。检察官以"现场的状况"为证明内容，申请调查刑事警察K警部辅制作的实地确认笔录的证据。由于辩护人持"不同意"的意见，法院对K进行了证人询问。K作证称，自己要求目击者W在场的情况下进行了实地确认，并准确地制作了书面材料。因此，法院采用了该证据。其后，W作为控方证人，在审判期日作证称："我看到一名穿黑色夹克的男子殴打了V。那个男子就是X。"辩护人在最后辩论中指出，根据实地确认笔录的记载，W指认说明"穿红色夹克的男子在图①的位置袭击了V"，并以此为由论证W的证言不可信。检察官对此提出异议，称这不是基于证据的辩论。如果实地确认笔录里确实有这样的记载，该辩护人的辩论能否被许可？如果不被许可，辩护人应该采取什么措施？

【答】这是一个复杂的问题。答案关系到根据《刑诉法》第

321条第3款规定的传闻例外能否证明存在见证人的指认说明这一自我矛盾陈述。正如第七章中已确认的，判例根据第3款的传闻例外要件，认可实地确认笔录中的见证人的指认说明记录也可以作为笔录的一部分成为证据。[1]如果是这样，通过该指认说明的记载，似乎也可以证明存在W的指认说明。但是，关于再现实地确认笔录的判例明确表明，即使有制作人的真实制作证言，也需要原陈述人的签名、盖章，才能将见证人的指认说明记载作为陈述证据使用。[2]这表明判例认为真实制作证言不能代替指认说明人的签名、盖章。这样考虑的原因是勘验、实地确认原本是为了观察对象并获取信息的活动，而不是为了记录陈述的手段。更简单地说，如果认可真实制作证言可以替代原陈述人的签名、盖章，就无法区分实地确认与询问。如此一来，就无法根据第3款规定的传闻例外，对口头上的指认说明的存在进行严格的举证证明[3]，所以检察官有理由提出异议。[4]为了进行这一辩论，辩护人应该在对K警部辅进行证人询问时，取得存在如实地确认笔录中所记载的W的指认说明的证言。

（四）审判陈述后的自我矛盾陈述

作为典型的弹劾证据的自我矛盾陈述是审判陈述前的陈述。

---

[1] 最判昭36·5·26刑集15卷5号893页（指认说明记录案件）。
[2] 最决平17·9·27刑集59卷7号753页（性骚扰再现报告书案件）。
[3] 但动作陈述的摄影记录（所谓的陈述照片等）通过真实制作证言可以作为动作存在的证据。
[4] 基于辩护人的同意采用实地确认笔录时，因检察官的证明内容是"现场的状况"，因此也不能作为指认说明中存在自我矛盾陈述的证据使用。

如果准许根据审判陈述后的自我矛盾陈述进行弹劾的话，那么听取了审判陈述的当事人有可能会为了使其变更陈述在法庭外做工作，这与审判中心主义不符。另外，如果允许证人在结束审判陈述后提出自我矛盾陈述，会产生无法保障对方就作出矛盾陈述的理由进行证人询问的机会这一问题。

但是判例认为，采用审判证言后制作的陈述笔录作为弹劾证据"并不一定会违反《刑诉法》第328条的规定"。[①] 平成18年判例也没有变更该观点。

三、自我矛盾陈述以外的使用可能性

（一）作为恢复证据的自我一致陈述

如上所述，平成18年判例认为《刑诉法》第328条是确认非传闻的规定。而且从判例的说理来看，是将该法条的适用对象限定于根据自我矛盾陈述的弹劾。但是，审判陈述人在其他时间进行的陈述，其存在本身如果还有其他成为关于审判陈述证明力的辅助证据的情况，则该陈述是非传闻证据，因此没有理由予以禁止。这也一直被认为是《刑诉法》第328条的适用情形。

这类辅助证据的一个较为容易理解的例子是，当审判陈述因存在利害关系而受到弹劾时，通过利害关系产生之前的自我一致陈述来恢复其证明力的使用方法。

【例题7】X于2023年10月25日在V家里泼洒汽油后放火烧毁，被以在住建筑物放火的诉因提起公诉，但X否认指控的事

---

① 最判昭43·10·25刑集22卷11号961页（八海案件第3次上告审）。

实。控方证人W在2024年6月23日审判期日回答主询问时陈述如下："V家发生火灾那天，在着火前20分钟左右，我看到X手提汽油便携罐正在窥探V家。"对于辩护人的交叉询问，W承认在出庭作证前的4月21日曾接受V在高级饭店的招待，受到V的如下嘱咐："X真的是个大坏蛋，请一定要好好作证"，并收受20万日元现金。检察官以"为了恢复W证言的证明力"为证明内容，申请调查日期为2023年11月13日、有W签名和盖章的检面笔录的证据。其陈述内容与W的审判证言内容相同。法院应该采用该检面笔录作为证据吗？

【答】这并不是W的自我矛盾陈述。但是，该笔录的存在是对因W在作证之前被V收买从而作出了对X不利的证言这一因果关系的怀疑的反证。在此目的之下，W的检面笔录因不是陈述证据，所以属于非传闻。因此，根据《刑诉法》第328条的规定，可以采用该检面笔录作为证据。①

那么，如果仅从字面意思上理解平成18年判例的说理，则限定范围过窄。判例的本意应当理解为：只是根据具体案情将依自我矛盾陈述的弹劾作为适用本法条的典型例子列举了出来。

需要与之相区分的问题是，对于依自我矛盾陈述的弹劾，能否将自我一致陈述作为恢复证据来使用。

【例题8】X于2023年10月用仿制手枪抵着V使其无法反抗，并夺取了现金，被以抢劫的诉因提起公诉，但是X否认指控的事

---

① 作为将《刑诉法》第328条的适用对象限定于依自我矛盾陈述的弹劾的学说而被引用的平野说也认可这样的恢复证据的可能性。平野龍一『刑事訴訟法』（有斐閣、1958年）252-254頁，特别是253頁注5。

实。控方证人W在2024年3月26日审判期日，作了如下陈述："我从距离40米左右的位置看到X给V看了类似手枪的东西，并收下了什么东西。"辩护人以"对W证言的证明力有异议"为证明内容，申请调查2024年2月10日W发给Y的电子邮件中"我虽然看见了V遭遇抢劫，但是由于我没有看到犯人的相貌等，所以并不知道犯人是谁"的内容的证据。法院予以采用。对此，检察官以"为了恢复W证言的证明力"为证明内容，申请调查有W签名和盖章的日期为2023年11月14日员面笔录的证据。该笔录的内容为抢劫V的犯人确实是X。法院应当采用该员面笔录吗？

【答】对于此问题，学者们的意见存在分歧。有文献认为由于是对依自我矛盾陈述的弹劾的反向弹劾，所以根据《刑诉法》第328条的规定，可以予以采用。但是，作为弹劾证据的自我矛盾陈述本来就不是能够期待可信性的陈述证据。认为对自我矛盾陈述进行弹劾是有意义的是一种错觉。为了承认这种依自我一致陈述的恢复效果，就必须设想说过两次的话比说过一次的话更可信的经验法则。但是恐怕这样的经验法则并不存在。而且这个自我一致陈述会得出W经常改变说法的推论，反而会导致进一步降低W的可信性。[①]平成29年司法考试真题中，也包含除陈述时系列顺序以外与之相似的问题，即对于依自我矛盾陈述的弹劾通过自我一致陈述进行恢复的可能性问题（关于这个问题，将在后文的例题14中再作探讨）。由于这个问题目前没有直接的判例，在学术

[①] 古江頼隆『事例演習刑事訴訟法〔第3版〕』（有斐閣、2021年）465頁、笹倉宏紀「328条の意義」井上正仁・酒巻匡編『刑事訴訟法の争点』（有斐閣、2013年）177頁也是消极说。积极说是椎橋隆幸ほか『ポイントレクチャー刑事訴訟法』（有斐閣、2018年）408頁〔加藤克佳〕。

界也存在争议，因此肯定与否定任何一个立场的答案都可能成立。但是，无论持哪种立场，作为理由，都应当说明对成为该理由的经验法则的理解。①

当然，对于自我矛盾陈述的弹劾，如果可以证明该矛盾陈述是由特殊原因引起的，若在不受该原因影响的情况下，陈述是稳定的，那么自我一致陈述作为恢复证据确实具有意义。

【例题9】再次思考例题8的案例。在提出成为W的自我矛盾陈述的发送给Y的电子邮件证据后，检察官结合W的员面笔录，再次申请对W进行证人询问。法院同意了这一再询问申请。再次成为证人的W作了如下证言："我曾经也对警察说过抢劫的犯人是X。但是，2024年2月8日左右，X的父亲F，也是黑社会的成员，把我叫出来，称'你要是作出嫁祸于X的证言，我就让你下地狱。把真正看到的写成电子邮件发给Y'。我非常害怕，就发了那封邮件。"检察官再次申请采用W的员面笔录的证据。法院应该采用W的员面笔录吗？

【答】在该案例中，存在关于产生自我矛盾陈述的特殊情况的证据。因此，显示在此情况发生之前所作的陈述是与审判证言相同的员面笔录作为非传闻的恢复证据成为《刑诉法》第328条的证据，应当予以采用。

下面的例题是将东京高判昭54·2·7判时940号138页（强奸被害人改变陈述案件）简化后的案例。虽然跟例题9很相似，但涉及到不同的问题。

【例题10】X因对V实施不同意性交的诉因被提起公诉，但X

---

① 公开发布的"评分感想"也表达了这样的期待。

主张这是基于合意的性交。在2023年1月10日的审判期日，V作为控方证人作证说："我被X强奸了。"在同年2月20日的审判期日，辩护人申请调查有V签名的其向辩护人作出的陈述书的证据。其内容是："在法庭上，虽然我在对性问题保守的父母面前作证说被X强奸了，但事实上我自己是同意的。"由于检察官主张"不同意"的意见，辩护人申请将V的证言作为弹劾证据采用，法院予以采纳。在第二次3月16日的审判期日，检察官申请采用有V签名和盖章的、日期为2023年3月1日对检察官作出的陈述笔录的证据。其主要内容如下："在审判中作证之后，X的辩护人L律师找到我说：'那个证言是假的吧。如果你坚持说你是被强奸的话，那么会在审判中证明你还与很多其他男性交往。你如果在写有该证言不属实的陈述书上签名，就不需要证明了。'我迫于无奈才在律师L准备的陈述书上签了名。但听检察官说法院不会允许像律师L那样进行威胁的证明方法，我才安心。我是真的被强奸了。"由于辩护人对此发表了"不同意"的意见，检察官申请采用该陈述笔录作为恢复V的审判证言证明力的证据。法院应该予以采用吗？

【答】东京高等法院的判例与此例题相似，该判例同意采用员面笔录作为恢复证据。本例题的检面笔录看上去确实是显示作为弹劾证据的自我矛盾陈述存在特殊原因，以及在没有该原因影响的情况下陈述内容相一致的证据。但是，两者不同的是，在例题9的案例中，揭示自我矛盾陈述产生的原因是通过法庭上的证言，而在例题10的案例中，揭示其原因本身是通过陈述笔录。因此，如果将该陈述笔录作为恢复证据，就等于作为传闻证据使用。总之，基于平成18年判例，不能根据《刑诉法》第328条的规定予以采用。即便如此，如果可以作为恢复证据采用，那么就需要这样一个前提，即产生自我矛盾陈述的原因可以通过自由证明的方式来证明。也就是说，与第328条不同，该例题的结论会根据是否认可自我矛盾陈述的存在以外的辅助事实原本就可以适用自由证明而有所不同。该问题在后文第五部分中进行探讨。

（二）作为增强证据的自我一致陈述

通说认为，根据《刑诉法》第328条的规定不准许自我一致陈述成为增强证据。确实如果要使用审判外陈述增强审判陈述，则一般是以审判外陈述的可信性为前提，所以会成为传闻证据。但是，如果可能存在与审判陈述一致的同一陈述人之前的陈述，且其存在本身成为提高审判陈述的可信性的事例，该审判外陈述就是非传闻，没有理由予以禁止。①

【例题11】公务员X因利用职务之便收取Y的贿赂，被以受贿的诉因提起公诉，但X否认指控的事实。检察官在调查其他证据后，申请调查在侦查阶段X对检察官所作的自白笔录的证据。辩护人对此发表了"不同意，对任意性有异议"的意见。然后，就没有任意性的理由，提出如下主张："2024年1月8日被拘留、逮捕后，被告人在讯问中也否认了犯罪的嫌疑。但是，延长逮捕期间后的1月24日，负责讯问的K警部对X说：'你的妻子也有共犯的嫌疑。你要一直说谎不承认罪行的话，你的妻子也会被拘留接受讯问。'被告人想必须竭尽全力避免妻子被拘留，无奈之下在自

---

① 关于这样的案例参见後藤昭「供述の証明力を争うための証拠」『三井誠先生古稀祝賀論文集』（有斐閣、2012年）674頁。

白笔录上签了名。由于对检察官的自白也是受此威胁的影响而作出的非任意自白,因此根据《刑诉法》第319条第1款的规定应当予以排除。"此外,辩护人以"讯问情况"为证明内容,申请调查X在逮捕期间所写的犯罪嫌疑人笔记的证据。该笔记在1月24日那一页中记录如下:"K警部说要把我的妻子作为共犯进行拘留。她体弱多病,经受不住拘留和逮捕。我无论如何都必须避免这种情况发生。"对于该申请,检察官表示"不同意"。辩护人主张,①自白的非任意性只要自由证明足矣;②假设应当适用禁止传闻证据规则,本案犯罪嫌疑人笔记作为《刑诉法》第322条第1款所规定的特信文书属于传闻例外。法院驳回了辩护人的上述主张,但决定"将X的犯罪嫌疑人笔记作为物品采用"。该决定有法律根据吗?

【答】正如第二章(例题3回答)中所述,"作为物品采用"意味着作为非陈述证据采用。因此,问题在于这份犯罪嫌疑人笔记是否具有作为非陈述证据的意义。X应该在法庭上讲述作出自白的讯问经过。与讯问几乎同时书写的犯罪嫌疑人笔记中有与之相同的内容,说明其内容不是花费时间思考后所编造的。这虽然是增强证据,[①]但仍然是作为非传闻证据的使用。因此,依据的法条是《刑诉法》第328条。除此之外,无法解释将其"作为物品"采用的根据。

正如本案例所示,实务中存在实际上没有意识到理论上属于第328条的证据而是通过其他解释而采用的案例。

---

① 被告人的辩解经常会被怀疑是后来思考后编造的故事。例题中的犯罪嫌疑人笔记也可以被视为是对这种潜在的弹劾的恢复证据。

（三）作为弹劾证据的陈述的欠缺

在法庭上对自己的经历作出证言的证人，如果在以前曾就同一经历作出陈述时，对于如果法庭证言正确的话当然应该说出来的事实却没有陈述的事实，会降低其证言的可信性。

【例题12】X于2024年1月7日在居酒屋殴打V并致使其受伤，被以伤害的诉因提起公诉。X的辩护人主张这是对V的暴力行为的正当防卫。V在审判中作了如下证言："在居酒屋里，X坐在我旁边与我纠缠，说：'就是你们这样的小子败坏了日本。'我没有认真搭理他，边说'对不起，前辈！'，边向X劝酒。结果X突然说'狂妄'，然后就向我打了过来。"在交叉询问中，辩护人确认了V在警察向其听取案情时也讲述了案件的全部经过，并在阅读笔录后签了名。在此基础上，辩护人出示了V对刑事警察所作的、日期为2024年1月8日的陈述笔录的复印件，要求法院确认笔录里没有任何关于X打人之前的言行记录。对此，检察官认为，为了唤起当时的记忆而出示陈述记录书是违反《刑诉规则》第199条之11第1款规定的询问方法，并对此提出了异议。该异议合理吗？

【答】在这种情况下，辩护人并非要唤起V关于案件的记忆，因此出示笔录并不违反《刑诉规则》第199条之11第1款的规定。出示的根据是《刑诉规则》第199条之10。因此该异议不合理。如果员面笔录中没有这部分陈述，而是在法庭证言时第一次出现，就会对其可信性产生怀疑。因此，根据《刑诉法》第328条的规定，准许辩护人为确认陈述的变化过程而进行的询问。

也有解释认为，这种缺少重要部分的之前的陈述，因为是自我矛盾陈述所以成为弹劾证据。但是，没有必要将第328条的适用对象强制限定于自我矛盾陈述。这种陈述经过的不自然之处是仅凭缺少该部分的陈述笔录的存在这一事实就可以证明的辅助事实，因此可以作为弹劾证据采用。

四、证明力存在争议的对象

通过《刑诉法》第328条的证据被质疑证明力的陈述的陈述人多数情况是证人、被告人或者共同被告人，有时也有鉴定人。

法条的措辞是将审判期日或者审判准备中的陈述作为对象。但是，一般的理解是作为传闻例外被采用的陈述代用文书或者传闻陈述也可以根据本法条成为证明力存在争议的对象。[①]

但是，成为证明力存在争议对象的陈述，必须是对作为争议点的待证事实的存在与否具有证明力的陈述。这一条件经常被忽略。对于作为争议点的证明命题，认为弹劾中立的陈述才有意义的想法是一种错觉。

【例题13】X因伤害V的诉因被提起公诉，并且X否认指控的事实。控方证人W在审判期日作证称："我目睹了V遭受袭击。但是，由于我没能看到犯人的相貌，所以不知道是不是X。"检察官根据《刑诉法》第321条第1款第2项后段申请以"袭击V的犯人确实是X"为主要内容的W检面笔录的证据。法院没有同意。因此，检察官申请作为弹劾证据采用。法院应当采用吗？

【答】法院不应当采用。因W的审判证言表示不知道犯人是否为X，就X是否为犯人的问题保持中立。即使以检面陈述进行

[①] 東京高判昭36・7・18判時293号28頁。

弹劾，也无助于推认X是犯人，因此没有意义。不仅如此，实际上还存在根据传闻证据进行推认的危险。

平成18年判例的案情中，如果W的审判证言是"不知道被告人有没有进行灭火行为"的中立性陈述，那么这根本就不适合作为弹劾对象。

五、辅助事实的证明方法

上文例题10的结论取决于自我矛盾陈述产生的原因这一辅助事实能否通过自由证明进行证明。最后，来探讨这个问题。

多数学说认为，如果最终的证明命题是严格证明的对象时，那么其辅助事实也需要进行严格证明。[1]而且，平成18年判例明确表明作为辅助事实的自我矛盾陈述是严格证明的对象。但是，将自我矛盾陈述（更严密地说，关于审判陈述人同主题的审判外陈述）以外的辅助事实称为纯粹辅助事实，且对其只需要进行自由证明的理解是法官们的主流观点。[2]就其理由，也有人认为因为辅助事实种类繁多，如果不准许自由证明会非常不便。但是，在证据评价时这样的辅助事实会比自我矛盾陈述更具影响力。在辅助事实中只对自我矛盾陈述特别对待要求严格证明，这种区别对待的做法是没有根据的。该区别论可能拘泥于自我矛盾陈述是有关

---

[1] 伊丹俊彦ほか編『逐条実務刑事訴訟法』（立花書房、2018年）838頁〔辛島明〕、白取祐司『刑事訴訟法〔第10版〕』（日本評論社、2021年）346頁、松尾浩也監修『条解刑事訴訟法〔第5版〕』（弘文堂、2022年）884頁、上口裕『刑事訴訟法〔第5版〕』（成文堂、2021年）348頁など。

[2] 河上和雄ほか編『大コンメンタール刑事訴訟法〔第2版〕第7巻』（青林書院、2012年）351—355頁〔安廣文夫〕。

待证事实的陈述。但是，《刑诉法》第328条的证据不是作为陈述证据使用，所以不能成为特别对待的理由。

作为纯粹辅助事实的自由证明说的最重要的根据是与判断证据能力方法的吻合性。因为根据传统的理解，关于证据能力的事实是程序法上的事实，所以只需要自由证明。按照该理解，如《刑诉法》第321条第1款第2项后段的相对的特信情形的存在与否也可以通过自由证明进行判断。但是，法院如果认可该要件充分，作为该判断基础的事实在这个阶段就是判断证明力的辅助事实。如果说一般辅助事实需要严格证明，在这个阶段就会产生矛盾。但是，正如在第四章和第五章所作的说明，对于该矛盾，即使是证据能力的要件，关于陈述证明力的事实应该一开始就通过严格证明的方式予以化解。自白的任意性证明也是如此。

总而言之，按照对自我矛盾陈述的存在要求严格证明的判例，如果不对一般辅助事实也要求严格证明就无法保持一致。[1]因此，自我矛盾陈述以外的辅助事实也不能通过传闻证据予以认定。

基于此理解，再次思考将平成29年司法考试真题的案例简化后的例题。

【例题14】X、Y和Z共谋，因以营利为目的非法持有兴奋剂的诉因于2024年1月被提起公诉。X否认参与持有兴奋剂。成为控方证人的Y在2024年3月25日审判期日作证说："我和Z按照

---

[1] 笹倉宏紀「328条の意義」井上正仁・酒巻匡編『刑事訴訟法の争点』（有斐閣、2013年）178–179頁、成瀬剛・判例評釈・ジュリスト1380号（2009年）140頁也是相同意见。

X的指示，秘密贩卖了兴奋剂。"辩护人以"对Y的证言的证明力有异议"为证明内容，申请调查有Y签名和盖章的日期为2023年12月21日的对刑事警察所作的陈述笔录的证据。其内容是"Y和Z两人秘密贩卖了兴奋剂，但X与此无关"。法院将其作为《刑诉法》第328条的证据采用。于是，检察官以"为了恢复Y的证言的证明力"为证明内容，申请调查日期为2023年12月27日的Y的检面笔录的证据。该笔录的主要内容有两点：①"我和Z按照X的指示，秘密贩卖了兴奋剂"；②"直到现在掩盖X参与的事实是因为害怕X报复。现在与X断绝了关系，有了说出真话的想法"。法院应当采用该检面笔录吗？

【答】如果仅关注Y的检面笔录的主要内容①，就成为与例题8几乎相同的问题。也就是说，对于根据自我矛盾陈述的弹劾，可否通过自我一致陈述得到恢复的问题。但是，就这个问题，不论采用哪个结论，都会出现可否将主要内容②，即说明陈述变化的理由的部分作为恢复证据使用的问题。如果从该检面陈述推论Y的审判证言比自我矛盾陈述更可信，就是将检面笔录作为传闻证据使用，不能根据《刑诉法》第328条进行说明。该问题与《刑诉法》第328条无关，取决于对能否通过自由证明认定自我矛盾陈述以外的辅助事实的判断。司法考试的"出题目的"没有提到对内容②的处理。出题人可能认为这作为司法考试的题目而言难度过高。但是，被问及这种例题的解决方法的人是无法避开这个问题的。如上所述，基于平成18年判例，如果认为不限于自我矛盾陈述，一般辅助事实都需要严格证明的话，至少内容②是不能作为恢复证据予以采用的。

六、小结

《刑诉法》第328条并非设置传闻例外的规定，而是确认非传闻的规定。当在法庭上作出陈述的人在其他时间就同一事项进行的陈述的存在本身成为影响审判陈述的证明力大小的辅助证据时，属于第328条的对象。包括存在这种审判外陈述在内，关于陈述的可信性的辅助事实需要进行严格的证明。

以上关于第328条的探讨，可能会有非常难以理解的部分。但是，严密地思考本法条的含义将成为从传闻证据规则的背面对其再确认的机会。

司法考试真题与例题的对应关系

注：以司法考试真题为基础的例题已通过拆分、简化等方法对原题目进行了修改。凡有与本书现有例题相似的司法考试题，均标明了其对应关系。

平成18（2006）年
……第三章【例题17】

平成20（2008）年
……第一章【例题9】、第四章【例题9】、第十章【例题13】

平成21（2009）年
……第七章【例题11】

平成22（2010）年
……第六章【例题3】、第十章【例题15】

平成23（2011）年
……第十章【例题14】

平成25（2013）年
…第七章【例题4】

平成27（2015）年
……第一章【例题11】、第三章【例题3】

平成28（2016）年

……第一章【例题12】

平成29（2017）年

…第十三章【例题2】【例题3】【例题8】【例题14】

平成30（2018）年

…第四章【例题4】、第九章【例题2】、第十章【例题4】

令和3（2021）年

……第一章【例题11】、第三章【例题12】

令和5（2023）年

……第七章【例题8】、【例题10】

判例汇总

最高法院判例

最大判昭24·5·18刑集3-6-789

最决昭26·2·22刑集5-3-421（辩护人的同意有效案件）

最决昭26·9·6刑集5-10-1895

最判昭27·3·27刑集6-3-520（辩解记录书案件）

最大判昭27·4·9刑集6-4-584

最决昭27·12·19刑集6-11-1329（辩护人的同意无效案件）

最判昭28·6·19刑集7-6-1342

最判昭28·7·7刑集7-7-1441（共同被告人的检面笔录案件）

最判昭28·10·15刑集7-10-1934（委托鉴定书案件）

最判昭28·10·27刑集7-10-1971（共同被告人的审判陈述案件）

最决昭29·7·29刑集8-7-1217

最决昭29·11·25刑集8-11-1888（没有签名的被害陈述书案件）

最判昭30·1·11刑集9-1-14（参照检面笔录内容案件）

最判昭30·11·29刑集9-12-2524（第2项后段合宪判决案件）

判例汇总

最判昭30·12·9刑集9-13-2699（"对那人有好感"案件）

最决昭31·12·13刑集10-12-1629

最判昭32·1·22刑集11-1-103（共同被告人检面笔录中的被告人自白案件）

最判昭32·7·25刑集11-7-2025（诊断书案件）

最决昭32·9·30刑集11-9-2403（比审判陈述更详细的检面笔录案件）

最决昭32·11·2刑集11-12-3047（未收款记账本案件）

最大判昭33·5·28刑集12-8-1718（练马案件）

最决昭35·7·26刑集14-10-1307（共同被告人的否认答辩案件）

最判昭35·9·8刑集14-11-1437（实地确认笔录案件）

最决昭35·9·9刑集14-11-1477（辩论分离后的询问证人案件）

最判昭36·5·26刑集15-5-893（指认说明记录案件）

最大判昭36·6·7刑集15-6-915（犯罪嫌疑人回家前的无令状搜查案件）

最决昭36·11·21刑集15-10-1764（讯问被告人案件）

最判昭38·10·17刑集17-10-1795（白鸟案件上告审）

最决昭41·11·22刑集20-9-1035（捐赠金诈骗前科案件）

最判昭43·10·25刑集22-11-961（八海案件第3次上告审）

最大判昭44·6·25刑集23-7-975（晚报和歌山时事案件）

最判昭47·6·2刑集26-5-317（醉酒鉴别卡案件）

最决昭53·6·28刑集32-4-724（安田讲堂案件）

最判昭53·9·7刑集32-6-1672（大阪兴奋剂案件）

最决昭54·10·16刑集33-6-633

最判昭57·1·28刑集36-1-67（杀害鹿儿岛夫妇案件）

最决昭57·12·17刑集36-12-1022（其他案件庭审中的被告人陈述记录案件）

最决昭58·6·30刑集37-5-592（证言之间的检面笔录案件）

最决昭58·7·12刑集37-6-791（别件拘留后的逮捕讯问笔录案件）

最决昭59·2·29刑集38-3-479（高轮绿色高级公寓案件）

最决昭59·12·21刑集38-12-3071（新宿车站骚乱案件）

最决昭61·3·3刑集10-2-175

最决昭62·3·3刑集41-2-60（气味识别报告书案件）

最判平7·6·20刑集49-6-741（参考人驱逐出境案件）

最决平12·10·31刑集54-8-735（美国的宣誓陈述书案件）

最决平15·11·26刑集57-10-1057（韩国法庭中的被告人陈述案件）

最决平17·9·27刑集59-7-753（性骚扰再现报告书案件）

最判平18·11·7刑集60-9-561（东住吉放火案件）

最决平20·8·27刑集62-7-2702（燃烧实验报告书案件）

最决平23·9·14刑集65-6-949（出示被害再现照片案件）

最判平23·10·20刑集65-7-999（在中国的共犯讯问案件）

最决平25·2·26刑集67-2-143（出示电子邮件案件）

最决平27·2·2判时2257-109

高等法院裁判例

札幌高判昭25·7·10高刑集3-2-303

名古屋高判昭25・11・24高刑特14-78、LEX/DB27913508

札幌高函館支判昭26・7・30高刑集4-7-936

福岡高判昭26・9・17高刑集4-10-1235

大阪高判昭27・7・18高刑集5-7-1170（共同被告人询问证人案件）

東京高判昭29・7・24高刑集7-7-1105

福岡高判昭29・9・16高刑集7-9-1415

東京高判昭30・6・8高刑集8-4-623（交叉询问中的相反陈述案件）

大阪高判昭32・3・29刑集12-3-438

東京高判昭34・11・16下刑集1-11-2343

東京高判昭36・7・18判時293-28

仙台高判昭36・8・8刑集17-7-1185（松川案件发回重审的控诉审）

東京高判昭37・4・26高刑集15-4-218

東京高判昭48・4・26高刑集26-2-214

大阪高判昭52・3・9判時869-111

福岡高那覇支判昭53・11・24判時936-142（共犯起诉后讯问笔录案件）

東京高判昭54・2・7判時940-138（强奸被害人改变陈述案件）

東京高判昭58・1・27判時1097-146（犯罪计划笔记案件）

大阪高判昭59・6・8高刑集37-2-336（对因遭受暴行而作出的自白表示同意案件）

東京高判昭61・5・16高刑集39-2-37（洛克希德案件）

東京高判昭63・11・10判时1324-144

大阪高判平1・11・10刑集49-6-774

東京高判平3・6・18判夕777-240（检察官自白证言案件）

東京高判平5・10・21高刑集46-3-271

福岡高判平7・6・27判時1556-42（谈话录音案件）

福岡高判平7・8・30判時1551-44（伪造笔录案件）

大阪高判平8・11・27判時1603-151（使否认无意义的同意传闻证据案件）

大阪高判平10・12・9判夕1063-272

東京高判平16・12・1判時1920-154（严惩请愿书案件）

東京高判平17・6・15高刑速（平17）-140、LEX/DB28115399

大阪高判平17・6・28判夕1192-186（毒咖喱案件）

東京高判平20・8・20東高刑時報59-1～12-74

東京高判平20・10・16高刑集61-4-1

東京高判平22・5・27高刑集63-1-8

東京高判平26・3・13判夕1406-281

広島高岡山支判平27・3・18高刑速（平27）-267、LEX/DB25447261

東京高判平28・8・10高刑集69-1-4（讯问录像的必要性案件）

大阪高判平29・3・14判時2361-118

福岡高判昭29・9・16高刑集7-9-1415

東京高判平30・3・30東高刑時報69・1～12・36、LEX/DB25562103

東京高判平30・4・25高刑速（平30）-158、LEX/DB25449487

東京高判昭30・6・8高刑集8-4-623（交叉询问中的相反陈述案件）

東京高判平30・8・3判時2389-3（今市案件控诉审）
大阪高判令1・7・25判夕1475-85
大阪高判令2・4・9高刑速（令2）-374、LEX/DB25591640
大阪高判令2・8・20高刑速（令2）-408、LEX/DB25591645
東京高判令2・12・21高刑速（令2）-418、LEX/DB25569497
大阪高判令3・1・28高刑速（令3）-319、LEX/DB25571361
大阪高判令3・4・16高刑速（令3）-425、LEX/DB25593926

地方法院裁判例

東京地決昭53・6・29判時893-8
東京地決昭56・1・22判時992-3
千葉地判平11・9・8判時1713-143（罗伊案件第一审）
東京地判平15・1・22判夕1129-265
大阪地決平22・5・26 LEX/DB25442490
東京地判平26・3・18判夕1401-373

主要参照法条汇总

日本刑事诉讼法

第320条

除第321条至第328条规定的情形外，不得将书面材料代替审判期日的陈述作为证据，也不得将审判期日以外的、以他人陈述为内容的陈述作为证据。

关于根据第291条之2的决定的案件[①]的证据，不适用前款的规定。但是，检察官、被告人或者辩护人就证据提出异议的，不受此限。

第321条

被告人以外的人制作的陈述书或者记录了此人陈述的书面材料中有陈述人的签名或盖章的，仅限于下列情形才可以作为证据。

一 关于记录了在法官面前所作陈述的书面材料（包括依据第157条之6第1款和第2款规定的方法的情形），在该陈述人因死亡、精神或身体的障碍、下落不明或在国外，不能在审判准备或审判期日进行陈述时，或者陈述人在审判准备或审判期日作出了

---

① 决定适用简易审判程序审理的案件。

与之前的陈述不同的陈述时。

二　关于记录了在检察官面前所作陈述的书面材料,在该陈述人因死亡、精神或身体的障碍、下落不明或在国外,不能在审判准备或审判期日进行陈述时,或者在审判准备或审判期日作出了与之前的陈述相反或实质上不同的陈述时。但是,仅限于较之审判准备或者审判期日的陈述,之前的陈述存在更加可信的特别情形时。

三　关于前两项所列书面材料以外的书面材料,在该陈述人因死亡、精神或身体的障碍、下落不明或在国外,不能在审判准备或审判期日进行陈述,且该陈述是证明犯罪事实是否存在的不可欠缺的证据时。但是,仅限于陈述是在特别应该信任的情况下作出时。

记录了被告人以外的人在审判准备或审判期日陈述的书面材料,或者记载了法院或法官的勘验结果的书面材料,不受前款规定的限制,可以作为证据。

记载了检察官、检察事务官或者刑事警察职员的勘验结果的书面材料,其陈述人在审判期日作为证人接受询问,并陈述该书面材料是真实制作时,不受第1款规定的限制,可以作为证据。

关于记载鉴定的经过和结果的书面材料中由鉴定人制作的部分也与前款相同。

第 321 条之 2

在被告案件的审判准备或审判期日的程序以外的刑事程序或者在其他案件的刑事程序中,记录了依据第157条之6第1款或者第2款规定的方法①进行的证人询问及陈述以及其状况的记录媒体

---

① 通过视频连接方式询问证人。

作为其中一部分的笔录，不受前条第1款规定的限制，可以作为证据。在此情况下，法院必须在调查该笔录后，给予诉讼相关人员向该陈述人进行证人询问的机会。

依据前款的规定调查笔录时，不适用第305条第5款但书的规定。

依据第1款规定作出的调查笔录中所记录的证人的陈述，与第295条第1款前段①以及前条第1款第1项及第2项的适用相关，视为在被告案件的审判期日作出的陈述。

第321条之3

通过同时进行录音和录像的方法记录的第1项列出的人员的陈述及其状况的记录媒体（仅限于记录了该陈述从听取开始到结束为止的陈述及其状况的记录媒体）在认可该陈述是特别采用了第2项列出的措施的情况下制作的，考虑到询问之前的情况以及其他情况认为适当时，不受第321条第1款规定的限制，可以作为证据。在此情况下，法院必须在调查该笔录后，给予诉讼相关人员向该陈述人进行证人询问的机会。

一　下列人员

1.刑法第176条、第177条、第179条、第181条或第182条之罪，同法第225条或第226条之2第3款之罪（仅限于猥亵或者婚姻的目的相关的部分。以下的本1号同），同法第227条第1款（仅限于对犯有同法第225条或者第226条之2第3款之罪的人的帮助目的相关的部分）或第3款（仅限于猥亵目的相关的部分）之罪或同法第241条第1款或第3款之罪或者这些罪名的未遂罪的

---

① 重复询问、陈述时。

被害人

2.儿童福祉法第60条第1款之罪或同法第34条第1款第9项相关的同法第60条第2款之罪、关于儿童卖春、儿童色情相关行为等的规制及处罚以及儿童的保护等的法律第4条至第8条之罪或者关于拍摄性姿态的行为等的处罚及扣押物中记录了性姿态影像相关的电磁性记录的消去等的法律第2条至第6条之罪的被害人

3.除1和2列出的人员外，根据犯罪的性质、陈述人的年龄、身心的状态、与被告人的关系等其他情况，被认定为如果进一步在审判准备或者审判期日进行陈述，其精神的稳定可能会遭到严重破坏的人

二 下列措施

1.依据陈述人的年龄、身心的状态及其他特点，缓解陈述人的不安或者紧张情绪，或其他能使陈述人充分陈述的必要措施

2.依据陈述人的年龄、身心的状态及其他特点，尽可能避免诱导，或其他避免对陈述内容造成不当影响的必要措施

依据前款规定作出的调查记录媒体中所记录的陈述人的陈述，与第295条第1款前段规定的适用相关，视为在被告案件的审判期日作出的陈述。

第322条

被告人制作的陈述书或者记录被告人陈述的书面材料中有被告人的签名或盖章的，只限于该陈述的内容是承认对被告人不利的事实、或者是在特别应该信任的情况下作出时，方可作为证据。但是，以承认对被告人不利的事实为内容的书面材料，即使该承认不是自白，根据第319条的规定，当认定其存在非任意作出的

嫌疑时，也不能作为证据。

记录被告人在审判准备或者审判期日的陈述的书面材料，仅限于该陈述被认定为是任意作出的情况下，方可作为证据。

第323条

除了从第321条至前条列举的书面材料以外，仅限于下列书面材料可以作为证据。

一　户籍副本、公证证书副本及由其他公务员（包含外国的公务员）就其职务上可以证明的事实制作的书面材料

二　商业账簿、航海日志及其他在日常业务过程中制作的书面材料

三　除前两项列举的书面材料外，在特别应该信任的情况下制作的书面材料

第324条

被告人以外的人在审判准备或者审判期日以被告人的陈述为其内容所作的陈述，准用第322条的规定。

被告人以外的人在审判准备或者审判期日以被告人以外的人的陈述为其内容所作的陈述，准用第321条第1款第3项的规定。

第325条

即使是依据从第321条至前条的规定能够作为证据的书面材料或者陈述，法院也必须预先调查该书面材料记载的陈述或者成为审判准备或审判期日的陈述内容的他人的陈述是否是任意作出，否则不能将其作为证据。

第326条

检察官和被告人同意作为证据的书面材料或者陈述，仅限于考虑到制作该书面材料或者进行陈述时的情况并认为适当时，不

受第321条至前条规定的限制，可以作为证据。

在被告人未出庭也可以进行证据调查的情况下，如果被告人不出庭，视为已有前款的同意。但代理人或者辩护人出庭的，不受此限。

第327条

若检察官与被告人或者辩护人达成合意，将文书的内容或者审判期日出庭时预想作出的陈述内容记入书面材料提交的，法院在对该文书或者应进行陈述的人不进行调查的情况下，也可以将该书面材料作为证据。此种情况下，不妨碍对该书面材料的证明力进行质证。

第328条

即使是依据第321条至第324条的规定不能作为证据的书面材料或者陈述，如果是为了在审判准备或者审判期日争辩被告人、证人及其他人的陈述的证明力，则可以作为证据。

第350条之27

关于根据第350条之22的决定的案件[①]的证据，不适用第320条第1款的规定。但是，检察官、被告人或者辩护人就证据提出异议的，不受此限。

日本国宪法

第37条第2款

在一切刑事案件中，被告人享有接受公平的法院迅速、公开审判的权利。

---

① 决定适用即决审判程序审理的案件。

刑事被告人被赋予充分询问所有证人的机会，并享有使用公费通过强制程序为自己申请证人的权利。

刑事被告人在任何情况下都可以委托有资格的辩护人。被告人不能自行委托时，由国家提供。

译后记

在本译著书稿即将付梓之时，当初决定翻译本书的情景历历在目。2019年3月，我去日本东京参加中日刑事诉讼法研讨会。在研讨会前一天的欢迎晚宴上，与中日学者聊到学术交流和研究近况时，同门绿大辅教授建议我翻译专业书籍。我深知翻译工作繁杂，留学回国多年始终未敢涉足大部头的翻译工作。当我随口问到是否有推荐的翻译书籍时，绿教授告诉我，后藤老师有一本传闻证据规则的书即将出版。后藤昭老师是我的导师，能将老师的最新研究成果翻译成中文介绍到中国，是一件很有意义的事情。晚宴后，我立即表达了翻译的意愿，后藤老师当即欣然应允，并表示书出版后会第一时间邮寄给我。

一顿饭的功夫就接下尚未出版的专业书籍的翻译工作，似乎略显草率。然而，当时的想法很简单：其一，后藤老师的学术成就有目共睹；其二，作为海归有责任通过翻译工作促进中外学术交流。后藤老师是日本著名的刑事法学家，治学严谨，注重理论与司法实践的结合，着眼于从微观的、具体的研究问题入手，以能够解决司法实践问题为目标进行研究。老师主张学问要做得通俗易懂，专业论文的写作应简洁明了。因此，相对于日文文章普遍存在的晦涩表达，老师的文章不炫文采、深入浅出，易于理解。

自留学生时代起，我就有过口译、笔译老师语言文字的经历，自认为能胜任此项工作。

从本书的内容来看，传闻证据规则是证据法中的一项重要规则。尽管我国尚未确立这一规则，但在以审判为中心的司法制度改革中，研究传闻证据规则显得尤为重要。对于一向畏惧大部头翻译的我来说，将这本书作为我的第一本译著似乎也是合乎情理的选择。我希望通过本书的翻译，使中国法律人士能够了解日本传闻证据规则的理论研究与司法实践，为我国刑事证据规则体系的完善和刑事司法制度改革提供有价值的参考和经验借鉴。

本书从陈述、陈述证据和待证事实等基本概念及其辨析入手，深入探讨了传闻证据规则，并对传闻证据规则的例外进行了详细论述。书中内容以法条解读为基础，结合学术理论和司法实践，进行了全面阐述。此外，书中不仅系统论述了日本传闻证据规则，还对美国传闻证据规则及德国直接言词原则进行了对比分析。为了帮助读者更好地理解和掌握知识点，书中编写了大量例题。尽管这些例题皆为虚构，但其中不乏基于判例或司法考试真题改编的例题，紧贴司法实践。因此，通过本书亦可以窥见日本刑事司法实践的现状及问题。

翻译工作接近尾声时，后藤老师联系我表示，因第一版在日本反响热烈，决定进行修订并增加新的司法考试真题等内容以出版第二版。同时，他建议我翻译第二版。由于当时日本正在修改关于性犯罪的法律，决定在法律修改后再定稿，以便增加修法新增设的关于法证询问记录的传闻例外的解说。第二版在出版社定稿后，后藤老师马上发来了文档。2023年12月25日第二版在日本出版。2024年年初，我完成了第二版的中文翻译工作。

在翻译过程中，我主要采用直译的方法，尽可能保留后藤老师的原汁原味。翻译中的难点在于专业术语的翻译。日本法律中很多专业术语使用汉字。确实容易产生望文生义的情况。例如：日文的"被疑者""被告人"分别对应中文的"犯罪嫌疑人""被告人"。但有些术语尽管汉字形同但含义却不同。例如：日文的"逮捕"实际上是中文的"拘留"。本书内容是关于刑事证据法，且包含大量司法实践中的专业术语，这进一步增加了翻译难度。前者是因为中日刑事证据法的比较研究相对较少，后者则是因为某些实务术语即便在一般的日文教科书中也少有详细解释。除书中已有定义的或已有解释的专业术语外，对于法学专业人士亦难以理解的词汇，我进行了注释。

书名的原文是『伝聞法則に強くなる』，考虑到中文的表达，最终确定为现在的书名。此外，中文版在书末增加了"主要参照法条汇总"，以便读者查找法条。

在本译著完成之际，我首先要衷心感谢后藤老师。在留学期间，作为导师的后藤老师严谨而不苟言笑，与我们就具体问题进行深入讨论，分析各种可能性，但最终立场的选择和观点的论述要求我们自主确定。曾经面对老师"自己决定"的要求感到甚是无助。但正是这种要求锻炼并提升了我的研究能力，使我明白困惑和纠结始终是学者必须面对和解决的问题。取得博士学位回国后，每逢请教学术问题，老师总是亲切地为我答疑解惑。在本书翻译过程中，后藤老师更是不厌其烦地解答了我提出的每一个问题，并亲自接洽日方出版社，为我省去了大量联络工作。

我还要感谢王云海老师和绿大辅老师一直以来给予我的帮助。方海日老师在整个翻译过程中给予了巨大的支持和帮助；中国法治出版社的王悦编辑为本书的出版付出了辛勤劳动；研究生张超颖同学协助校对了书稿。在此，谨向以上各位老师和同学致以衷心的感谢。

肖　萍
2024年7月19日于北京

Copyright © 2023 Akira Goto. Printed in Japan.

The originalwork was published in Japanese in 2023.

原著著作权归属于原作者。

中文简体版由中国法治出版社独家出版发行。

所有权利保留。

著作权合同登记号　图字：01-2025-0329

图书在版编目（CIP）数据

精解传闻证据规则：第2版／（日）后藤昭著；肖萍译．-- 北京：中国法治出版社，2025.3. -- ISBN 978-7-5216-5019-8

Ⅰ．D931.352

中国国家版本馆CIP数据核字第2025BB6012号

策划/责任编辑：王　悦　　　　　　　　　　　　封面设计：李　宁

精解传闻证据规则：第2版

JINGJIE CHUANWEN ZHENGJU GUIZE: DI-2 BAN

著者／（日）后藤昭

译者／肖　萍

经销／新华书店

印刷／北京虎彩文化传播有限公司

开本／880毫米×1230毫米　32开　　　　　印张／8.75　字数／196千

版次／2025年3月第1版　　　　　　　　　　2025年3月第1次印刷

中国法治出版社出版

书号ISBN 978-7-5216-5019-8　　　　　　　　　　　　　定价：42.80元

北京市西城区西便门西里甲16号西便门办公区

邮政编码：100053　　　　　　　　　　　　传真：010-63141600

网址：**http://www.zgfzs.com**　　　　　　编辑部电话：**010-63141831**

市场营销部电话：010-63141612　　　　印务部电话：**010-63141606**

（如有印装质量问题，请与本社印务部联系。）